私域流量从入门到精通

罗晨◎著

中国纺织出版社有限公司

内 容 提 要

　　自2019年以来公域流量的变现成本已经越来越贵，公域流量的风口已经逐渐过去，流量变现进入了深耕细作的时代，私域流量已经成为新的商业趋势和变现风口，正在收割着新的红利。这本书是写给自媒体人、电商卖家、新媒体从业人员、实体商家等想要通过私域流量实现自己所具备的内容产品变现的读者。全书共分为八章，主要介绍了私域流量从如何打造，如何裂变，如何引流，如何变现及变现的多种方式，尤其是小程序、抖音、社群等私域流量的重点目标群体的引流与变现讲解深入透彻，实操性比较强，对于私域流量变现来说是一本值得一读的好书。

图书在版编目（CIP）数据

私域流量从入门到精通 / 罗晨著. --北京：中国纺织出版社有限公司，2022.6
ISBN 978-7-5180-9494-3

Ⅰ.①私… Ⅱ.①罗… Ⅲ.①网络营销 Ⅳ.①F713.365.2

中国版本图书馆CIP数据核字（2022）第065446号

策划编辑：史　岩　　责任编辑：段子君
责任校对：楼旭红　　责任印制：储志伟

中国纺织出版社有限公司出版发行
地址：北京市朝阳区百子湾东里A407号楼　邮政编码：100124
销售电话：010—67004422　传真：010—87155801
http://www.c-textilep.com
中国纺织出版社天猫旗舰店
官方微博http://weibo.com/2119887771
天津千鹤文化传播有限公司印刷　各地新华书店经销
2022年6月第1版第1次印刷
开本：710×1000　1/16　印张：15
字数：188千字　定价：55.00元

凡购本书，如有缺页、倒页、脱页，由本社图书营销中心调换

前言

用私域流量解决焦虑

首先，我们要明确，为什么要了解私域流量，私域流量对于我们而言到底有什么作用和意义。

没有人喜欢把有限的时间消耗在毫无意义的事情上，所以，一定要清楚，这本书所讲的"私域流量"对于读者来说到底有没有用。

如今，生意难做已经成为大部分人的口头禅，谈到做生意，很多人都会表现出焦虑。

有钱投广告的，投的广告没有达到预期效果，焦虑；

不想拿钱投广告的，又担心自己错过红利期，焦虑；

投放到各大电商平台想着客源滚滚来，却发现钱投进去不少，本都砸在里面了，也引不来精准用户，焦虑；

开实体店的，感受着"门可罗雀"的冷清，焦虑；

产品压在自己手里，销售人员一天到晚忙忙碌碌就是签不下订单，焦虑；

产品放在渠道商处，渠道商没有回款只有退货，更焦虑。

在大部分人都感到焦虑的同时，却也有人把生意做得风生水起。当很多人把希望放在淘宝、京东、拼多多等能够获得公域流量支持的电商平台时，少部分生意人已经开始通过微信个人账号打造属于自己的私域流量池。

举个简单易懂的例子，采摘基地大棚里有很多草莓，那是供大家花钱来采摘的，草莓虽然一茬茬地生长，但是那些草莓不是只属于你一个人；而你家菜园里种的草莓，那是你自己的，一茬茬的草莓都是供给自己的。

行业中具有洞察力的一小部分人，不知道从什么时候起开始致力于私域流量打造。私域流量有一个最大的优势，就是掌握主动权。

在各大电商平台上，在人家的公域流量池里，那就需要听人家的，而自己的私域流量完全是按照自己的意志行事。

当然，打造私域流量并不容易，比如，我们会遇到种种问题：

为什么要打造自己的私域流量？想不明白，就永远无法理解打造私域流量的重要性。

在打造过程中怎么引流涨粉？如果没有粉丝，私域流量更像是乌托邦。

打造私域流量之后，真的能通过小程序、社群、抖音短视频等变现吗？如果无法变现，就是在浪费生命。

为了解答每一个想要通过私域流量获得变现的问题，为了阐述清楚私域流量对于每一个生意人的重要性，笔者决定写一本通俗易懂的书。

阅读者一定想弄清楚私域流量有什么用、该怎么打造、如何通过私域流量变现等实际问题。《私域——你的私域流量价值百万》可以解答这些问题，让自媒体人、电商卖家、新媒体从业人员、实体商家等，通过私域流量达到将自己的内容产品变现的目的。

能够指导需要的人，是一本工具书存在的意义。

早在 2019 年，微信之父张小龙在一次演讲中公布了微信朋友圈的相关数据，我们来看一下：

朋友圈每天有 7.5 亿人进去；

平均每个人每天有超过 30 分钟泡在朋友圈；

朋友圈每天被打开 100 多亿次。

比起朋友圈被打开的次数，微信聊天次数数字更庞大，平均每天 450 亿次。

也许有人会说，数字的确庞大，但是落到 11 亿微信用户身上则是参差不齐了，更有些问题会被提出：

微信个人账号就一二百人，如何在微信个人账号布局生意？

微信个人账号的朋友倒是不少，但是发现你卖东西就直接屏蔽了，怎么办？

微信个人账号的人数不少，可大多都是点头之交，又该怎么办？

是的，很多你想要找到答案的问题，都在本书里。

坦白地说，打造自己的私域流量，实际上就是打造自己能够直接触达的精准客户群。

但是这个过程不是所谓的捷径，我们做的每一件事、花的每一笔钱、积累的每一个客户都要付出时间，是不容易的。然而，当我们通过微信个人账号打造出属于自己的私域流量池，就相当于自己有一个草莓大棚，不仅里面的草莓可以供自己食用，而且可以招揽很多采摘者，让草莓大棚实现更大的利益。

生意最大的难题是如何在开拓新客户的同时留住老客户。现在的用户对于商家的黏度和忠诚度都比较低，所以，生意中最大的难题是反复购买流量以获取用户。然而，作为商家的你想要在用户完成一次购买之后再次触达用户，却发现，用户根本不在自己手里。

公域流量的流量是别人的，你可能通过公域流量实现了某个令人惊喜的成绩，但你也付出了相应的代价，而重点是，你的成绩是通过别人的平台实现的，不要把平台的流量当成自己的流量。

你所需要的是属于自己的流量，当源源不断获取用户之后，确立与用户的关系，还能够带来购买，并且能够在持续沟通的前提下产生复购，通过传播不断地裂变出新的用户，然后周而复始，构建出一个品牌价值不断上升的闭环系统。

这个闭环系统可以重复增加你的用户。试想，从零到一，从一到百，从百到千到万……你的用户是递增的，所激发的每一条朋友圈都直接触达你的用户，将用户牢牢地抓在自己手里，每一个用户既是购买者，又是你的朋友。

这就是私域流量能够给你带来的最实际的作用——积累客户，产品变现。因此，主动建立流量池，无论是卖水果、卖土特产、卖化妆品，还是卖生日蛋糕、卖酒、卖课程……哪怕只有很少的流量也都因为能够踏踏实实运营，认认真真维护，最终让自己的私域流量成池，以此获得成功。

罗晨
2022 年 2 月

目录

第一章 打造：从零开始，打造专属私域流量池

1.1 私域流量的必然 / 2
什么是私域流量 / 2
为什么要打造私域流量 / 4
私域流量模式有什么好处 / 8
如何从流量思维转化为用户思维 / 15

1.2 基于微信生态玩转私域流量 / 18
什么样的生态适合私域 / 19
个人账号怎么引发信息强触达 / 20
微信群怎样保持社群活跃度 / 23

1.3 不是所有产品/服务都适合私域流量 / 25
你的产品/服务是否适合做私域流量 / 26
哪些产品属于高频次、复购率高的产品 / 29
知识付费产品服务为什么适合私域流量 / 30
线下实体店如何靠私域流量盘活 / 32

第二章 裂变：从无到有，裂变快速创造规模化用户

2.1 搭建独一无二的私域流量池 / 36

用传统方式加好友的主动引流有用吗 / 37

如何在茫茫人海中找到精准用户群 / 38

怎样在添加群成员时不被拒绝 / 40

为什么说日常维护非常重要 / 42

2.2 利用现有流量进行裂变 / 44

如何通过互动场景增强用户体验感 / 45

如何有效推广 / 47

通过红包快速涨的粉会不会更容易掉 / 49

2.3 想办法在现有基础上扩大流量 / 51

怎么才能从公域流量里捞来流量 / 51

捞别人家流量池里的流量算不算犯法 / 53

在自己的私域进行裂变需要注意什么 / 55

第三章 沉淀：自力更生，通过个人IP实现私域流量变现

3.1 打造个人IP实属大势所趋 / 60

如何让个人IP具有不可替代性 / 60

创业者要打造好个人IP / 63

打造个人IP的实用技巧 / 65

面对用户，如何探索更多人生可能性 / 69

3.2 把个人IP打造成能变现的IP / 73

你的个人IP有没有"斜杠"身份 / 73

如何通过内容营销快速实现个人圈粉 / 76

如何通过个人IP卖产品、卖影响力 / 80

3.3 个人IP更需要稳扎稳打地运营 / 83

如何更好地完成内容的生产和分发 / 83
活动运营中怎样才能让活动更具影响力 / 85
如何通过电商运营直接完成变现 / 86
怎样通过数据运营实现运营的持续优化 / 88

第四章　引流：内容引流，打通朋友圈的任督二脉

4.1 朋友圈需要设计 / 92
怎样通过一个名字就把运营者变成网红 / 93
换一个头像是否能增加好友信任感 / 95
什么样的个性签名最适合展现 / 96
要不要利用背景墙展示品牌形象 / 98
为什么说地址信息是免费的广告位 / 99

4.2 好文案激发用户下单 / 100
在朋友圈发文必须掌握4种技巧 / 101
5种方式打造朋友圈文案 / 104
5大技巧吸引陌生人的关注 / 107
想用文案占领朋友圈需要4种技巧 / 110

4.3 海量导流火爆朋友圈 / 112
实体门店引流有什么诀窍 / 112
如何通过活动引流 / 114
如何运用技巧通过新媒体平台引流 / 118
怎样利用电商平台引流 / 120
其他引流方法和渠道 / 121

第五章 变现：终极目标，实现信任变现

5.1 通过信任，让朋友圈流量成交 / 128
要具有对产品和领域专注的态度 / 129
要具备全面的商业能力 / 131

5.2 维护粉丝就是维护客户 / 132
为什么要进行粉丝维护 / 133
留住客户有没有切实可行的技巧 / 137
该不该相信"唯有套路留人心" / 140

5.3 让自己成为朋友圈优秀的创业者 / 144
为什么先要跟客户交朋友 / 145
为什么好产品好服务才是最有力的营销 / 146
怎样让自己成为细节领域的行家 / 147

5.4 迅速把你的产品卖出去变现 / 149
怎样在朋友圈晒单、晒好评才不惹人烦 / 149
3种策略让朋友圈人脉流量变现 / 152
什么样的活动营销才能促进朋友圈销量 / 154

第六章 小程序：看小不小，私域领域常用的运营手段

6.1 完善小程序，打造私域流量池 / 160
红海竞争下，如何让用户主动分享 / 160
把小程序分享到微信群有用吗 / 162
为什么需要小程序和公众号关联 / 163
如何通过数据分析调整运营方向 / 165

6.2 利用引流，将小程序深层传送到用户端 / 167

    如何通过二维码为小程序引流 / 167

    视频为小程序引流到底靠不靠谱 / 169

    其他能为小程序引流的方式 / 170

6.3 把握私域流量，让小程序变现 / 173

    小程序＋电商，有销量就会有收入吗 / 173

    小程序＋付费，优质内容能否赚到钱 / 175

    小程序＋直播，为什么不卖东西也能获利 / 176

第七章　抖音：新的机会，庞大和极具吸引力的私域流量池

7.1 抖音引流让效率翻倍 / 180

    硬广引流还有效果吗 / 180

    蹭热点会获得高曝光率吗 / 182

    为什么一定要做原创短视频 / 184

    如何打造稳定的粉丝流量池 / 185

7.2 在私域流量池引入精准粉丝 / 186

    如何在抖音建立私域 / 187

    如何在账号中展现微信号 / 189

    怎样在视频内容里展现微信号 / 190

    其他方式展现微信号 / 191

7.3 通过短视频实现多元盈利方式 / 192

    怎样开通抖音小店 / 193

    精选联盟靠什么变现 / 196

    如何通过信息流量广告变现 / 197

第八章 社群：闷声发财，少数人的红利游戏

8.1 从社群运营到社群经济 / 202
如何带给社群极致的产品体验 / 202
社群私域流量的价值在于运营 / 204

8.2 社群引流涨粉也需要技巧 / 207
为什么要举办线下沙龙活动 / 207
社群经营者应多参加创业活动 / 209
如何依靠社群实现线下门店引流 / 210
其他方式发展社群粉丝 / 211

8.3 打造可持续盈利的社群变现 / 214
社交电商模式还有没有空间 / 214
社群广告变现重点在于怎样做才不被嫌弃 / 216
社群付费会员制对社群用户有多大吸引力 / 217
小范围创业盈利 / 219

后记 / 222

第一章

打造：从零开始，打造专属私域流量池

当前，很多生意人感觉生意难做，但是，对于已经打造出自己专属私域流量池的生意人，不仅生意没受到大的影响，甚至还因为很多消费者的"报复消费"行为，赚得盆满钵满。

不仅是生意人，就连自媒体人也慢慢地被区分开，一部分靠着今日头条、知乎等公域流量的自媒体人感受到了在今日头条、知乎上日渐"艰难"，并且越来越难赚钱。然而，那些开发了专属私域流量池的自媒体人，不仅不用担心赚钱，而且用户黏度、忠诚度都高于通过公域流量引流来的用户。

所以，不管是生意人还是自媒体人，都产生了一种共同的认识，那就是在公域流量逐渐衰退的今天，必须打造属于自己的私域流量。

1.1 私域流量的必然

不管做什么生意，包括创作内容方面的生意，最重要的就是用户。卖什么都需要有人来买，写的文章、制作的视频也都需要有人来看，所以，用户永远是最重要的因素，没有之一。

如果，你能在自己的领域拥有属于自己的用户，能把你的产品展示给几百、几千甚至上万的专属用户，那么，不管你做什么，都是非常容易成功的。因为，有了专属用户，就代表你的产品有一群潜在的客户，你的内容同样也有一群忠实的用户，并且因为有了他们，才能够让产品、内容等变现。

因此，无论是企业还是个人，无论是传统行业还是新媒体行业，我们最需要的就是拥有一批真实追随我们的专属用户。如何拥有专属用户，实际上就是一个如何打造私人流量池的过程。

什么是私域流量

对于私域流量，现在还没有统一的定义，但是，对于私域流量而言，它有一定的特点，只要符合这些特点，就能够称为私域流量：

私域流量可以被企业多次重复使用。什么意思呢？我们知道公域流量的确能够带来大量流量，但是那些大量流量并不属于企业或者个人，那些如同大海涨潮时的潮水，来的时候汹涌，去的时候毫不留情，最终给用户留下的就是被浪潮拍在沙滩上的海货。公域流量的确带来了一些销售高峰，然而却没有将购买的用户留下，下一次涨潮时又是另一批。需要注意的是，每一批的用户不同，不是每一批如同海水涨潮而来的用户都会购买产品，有时候，只是数据比较美丽。

私域流量是完全免费的，企业或个人无须为此支付成本。也就是说，但凡收费的都不是私域流量，比如淘宝、京东、拼多多等公域流量都收费，你想入驻最起码要交一定数额的保证金，然后去享受公域流量的服务。服务享受之后，有没有给你的店铺带来精准客户，或者有没有留住客户，保证他的二次购买，是无法预知的，给公域流量付的费就是进入的门票钱，其他概不负责。

企业可以通过私域流量随时触达精准人群，直接沟通管理自己的用户。这很容易理解，就像前两点所说的，公域流量就像大海涨潮，涨上来一批，然后退潮，一来一往什么也留不住。但是，私域流量不一样，私域流量就像在自己家后院挖个水池子，你可以随着自己的意愿蓄水，也可以随着自己的意愿换水，水池一直都在。

比如，对于微博来说，能够让所有微博用户看到的是"热门"，因为这里就是公域流量，很多明星挤破头买热搜，目的就是买一个在公域流量里的涨潮期。但是，就跟潮水有涨有落一样，热搜很快就会被替换。

然而，通过自己的动态页面，让自己的粉丝看到的微博内容，不会随着热搜变"冷"而一下子就没有人看,这就是私域流量。公域流量的观看数据,也就是个数据,私域流量的观看数据却是一切可能的开始。

微博目前用户是 4.65 亿,平均日活跃用户达到 2.03 亿,虽然很多文章都在唱衰微博,但是微博还是可以作为企业或者自媒体人的一个阵地,用来积累和经营粉丝流量,从而摆脱平台的推荐和流量分配机制。说到底,就是在微博的平台上,如果好好经营,就能从微博的公域流量池挖流量存储到自己的私人流量池,这在后面章节会有详细论述。

因此,私域流量是弥补公域流量缺陷的重要方式,虽然现在很多平台在红利期,但是,每个平台的红利期都有可能慢慢转变为红海厮杀,从而减少红利,所以,在这个阶段适时搭建私域流量池就显得尤为重要。

为什么要打造私域流量

第七次全国人口普查结果显示中国人口约 14 亿,互联网用户已经超过 10 亿,这说明我国已经进入了全民网络时代。但是,几乎每个人都置身网络之中,却带来一个更大的问题,那就是公域流量趋于饱和。早期享受到了公域流量红利的用户能够切实地感觉到,自己在公域流量里越来越赚不到钱,而刚踏入公域流量的用户也能感受到,想要在公域流量里生存下来并不容易。

公域流量红利殆尽,大家都面临着同样的问题:

获客难。当同类竞争加剧,新的流量入口就更加难以开发,流量成本就会越来越高。举个最简单的例子,现在入驻淘宝都会被要求按照商品不同缴纳金额不等的保证金,五年前,入驻淘宝,除了个别商品外,几乎是不需要任何保证金的。虽然保证金是押金性质，可是现在想要入驻淘宝分公域流量一杯羹，要付出比之前更高的成本。

留客难。现在的用户都是很"无情"的，因为碎片化的用户场景使用，导致用户注意力被极度分散，让他们难以形成归属感，所以黏性非常低。例如，在实体店盛行的时候，我们会在一家实体店购买产品，在网店盛行之后，很可能同款产品我们都会从不同网店购买。比如，在一家网店买了一个保温杯，保温杯用坏之后，很少会选择同一家再买一个，反而是全网搜索，搜到更心仪的。这样一来，通过公域流量想留住客人就太难了。

拉新难。现在，对于商家而言采用了很多宣传方式，却发现拉新很难，开发新顾客成功率太低了。因为是公域流量，商家都站在同一起跑线，主要比拼的既不是产品也不是宣传方式，而是运气。现在，大家喜欢货比三家，甚至是货比三十家，但最终选定的一定是用户觉得与自己非常有眼缘的一家。因为在电商平台上，很多产品质量差不多、价格差不多、宣传差不多、图片差不多，所以导致拉新特别难，靠的全是运气。

盈利难。这一点不管是开网店还是开实体店，不管是对于大中型企业还是对于小微企业来说，都是存在的。很多大品牌都经不起折腾，动辄几千万甚至几亿元的广告费砸进去，连个水花都没有，在公域流量面前只能为了引流持续投入，长期的补贴让亏损成为必然。很多入驻京东、拼多多等电商平台的商家，投入远远大于盈利，很多店铺都是赔本赚吆喝。

有人做了一个数据比对，以阿里巴巴为例，2013年的获客成本为50.89元，到了2017年，获取一名新用户的成本已经涨到了226.58元，4

年的涨幅达到了近 3.5 倍。

为什么会出现这四种现象？实际上这跟公域流量内各种营销套路频发而被用户"抵制"有很大关系。

用户对于各种电商平台的网络营销套路都产生了"免疫力"，甚至对于这些营销行为感到无比厌恶，直接屏蔽了某些商家。俗话说"自古真情都不在，唯有套路留人心"，做生意也好，自媒体写作也罢，靠的是一腔真挚的情感。而套路这东西，看得多，就会让人感觉很油腻。

被用户屏蔽的商家很难引入更多的流量，反而在流量成本不断增加的前提下，自己连公域流量池里的流量都分不到了。很多人称为"瓶颈"，认为这是商家、自媒体人在公域流量里所遇到的"瓶颈"期。不可否认这是瓶颈期现象，但是，遇到瓶颈就要想办法突破，毕竟不管是商家还是自媒体人都要依靠流量发展。

很多人还是不能理解公域流量为什么会存在成本增加或客难度增加情况。在这里举个例子：某奶茶店开在了类似于前门大街这种专门以招揽游客为主的商业街上，这条商业街的人流非常大，哪怕是工作日，人流量都能达到近两万人次。游客在这条街上路过这家奶茶店的概率是 5%，也就是说，如果一上午来了 1000 个游客，那么其中 50 个游客会停留在奶茶店门口，看奶茶店门口的招牌，了解一下产品和价格。在了解产品和价格的这 50 名游客里面，可能有一半的游客停下来进入奶茶店。也就是说，最终进入奶茶店的游客是整条街游览客的 0.5%。

看似还不错，因为路过 1000 个人，最终有 25 个人能够进店。但是，这条前门大街就相当于公域流量池，想要把店开在这样一条繁华的大街，所要付出的成本更高。

所以，这家奶茶店面临三个问题：

首先，为了能够吸引顾客，肯定要举办一些活动，比如打折促销、打折饮品等，如此一来，产品价格上就要打折，同样一杯饮品的利润也会因此打折。

其次，进入这家奶茶店的用户，消费基本上是一次性、随机的。因为以旅游为主的商业街，游客来自全国各地，今天来到前门大街买一杯奶茶，然后可能此生都不会再来前门大街，因此，流量并不可控。

最后，为了更吸引游客，奶茶店一定要开在醒目的地段，这样一条街本来租金就不菲，再想占据一个有利地段，租金肯定会更高，直接提升了获客成本和运营成本。

以上是这家奶茶店面临的难以解决的问题，而很多在公域流量池里面的商家，明知道问题出在哪里，却又很难找到解决问题的方法。

对此开在繁华商业街的实体店似乎没有办法，但是一直依靠公域流量池的商家，并不是没有办法解决以上问题。

如何解决备受公域流量制约的问题？就是从零打造属于自己的私域流量。通过微信矩阵里的朋友圈、小程序，以及微博、抖音、快手等渠道，打造出能够让自己自由游弋的私域流量池。要通过打造私域流量池将自己的核心用户圈起来，把真正的流量抓在手里，让彼此关系更加持久，提升用户黏度与忠诚度。

私域流量的流行，实际上既反映了公域流量的衰退，也反映了互联网世界的新的相处模式。所以，从电商平台到新媒体平台，私域流量成为更多人想要突破"瓶颈"、突破困境的途径。这里也存在一个问题，私域流量的逐步爆发，重在打造自己的品牌和IP（Intellectual Property 的缩写，即知识产权），也就是说，当将各种公域流量引流到自己的私域流量时，就要有意识地打造自己的人设，并且培养与用户的长久关系，只有这样才能保证私域流量起到最大的作用。

私域流量模式有什么好处

很多人都知道私域流量，但却不清楚私域流量模式对于自己到底有什么好处。之前笔者举过例子，就好比草莓采摘大棚，公域流量就像你去别人的采摘大棚，最多采一些草莓吃，还要付出相对来说比较高的费用；但是，私域流量就像你自己打造的草莓大棚，里面的草莓不仅自己随便吃，还能够开启更多业务模式，让你增收、增流。

这一节，我们探讨一下私域流量模式到底有什么好处。

第一，最显而易见的好处，就是让营销成本直线下降。以阿里巴巴的推广费用为例，2013~2017 年，4 年的时间，成本涨幅近 3.5 倍，而且这个涨幅还是持续提升的，是没有上限的。我们在公域流量平台上要付出很多推广费用，才能争取更多的流量，当然，还不是精准流量，是没有办法跟争取来的流量用户产生实际的买卖关系，只是争取很多流量。

然而，即便如此，我们还要缴纳各方面的费用。以拼多多为例，如果想要参加平台的各种营销活动来获取流量，就要缴纳各种保证金。在缴纳保证金等各类名目的金额之后，才能参加平台的推广活动，通过平台推广场景，用户购买商品。最后，活动结束，用户购买到了商品，但是对于商家而言，实际上并没有留住任何一个与之发生了实际买卖关系的用户，所有用户都只是平台上的用户。流量始终在平台手中，用户只是在活动中获取了一些订单，仅此而已。

如果通过付费的推广活动能够在获取精准流量的同时，在用户购买产品过程中，让用户留下相关个人信息，比如地址、电话等，在平台活动结束之后，可以直接与用户进行再次沟通。比如，通过电话二次接触用户，或者直接通过电话所对应的微信主动添加用户，抑或将用户直接导入自己所在的社群。

将用户导入自己的社群或者添加微信为好友之后，就可以通过平时的一些活动等增加这些用户的复购率。最重要的是，这些通过二次沟通最终加了微信进入社群的用户，实际上就成了你的私域流量，慢慢地积少成多，你就会拥有属于自己的私域流量池。

与公域流量池不一样，这些用户通过朋友圈的展示等增加了彼此的信任感，一旦人与人之间产生信任感，那么就会有更多的机会。并且，靠这些用户的口碑或者推荐，继续在这个基础上进行拉新，拉来的新用户都是存在一定信任基础的新用户。这时候，你就不必再花大价钱去做付费推广。

由此可见，只要私域流量池足够大，就可以摆脱对平台公域流量池的依赖。而摆脱依赖最显而易见的一个好处就是大大降低了营销推广成本。

不仅对于电商而言，对于实体店也是一样，实体店想要推广需要花费很多费用，在不同的推广渠道进行硬广告、软广告的发布。但是，如果通过微信扫码领优惠券等方式来添加用户信息，首先，节约了一大笔推广费用；其次，因为都是在朋友圈展示，所以具有极强的信任度；最后，吸引来的用户都是本身处于朋友圈里的精准用户。

海尔作为一家传统企业，也跟随着互联网时代进行着一次又一次变革，和小米等创立兴起于互联网时代的企业不同，海尔创立于连通信都比较匮乏的年代。因此，如何在交互性强的互联网大爆炸时代跟上节奏，对于海尔来说，它最终选择的是打感情牌。

众所周知，海尔品牌的受众是非常广泛的，海尔清楚地认识到"感情牌"提升品牌与用户的价值对接高度，但却不能与用户产生更深刻的高黏度。尤其面对年轻一代用户更青睐小米、格力等品牌，那么该如何将易破碎的"感情牌"打好，通过感情来留住用户呢？

诚然，海尔也可以依靠电商平台等公域流量不停地为自己引流，但相比于有雷军、董明珠的小米和格力，海尔似乎在投入相等推广费用的前提下，在公域流量上也占不了更多的流量。即便海尔获取了与小米、格力同等的流量，这些引流来的用户也未必能够真正与之产生任何购买关系，这是一个残酷的事实。

如何改变这一残酷现状？那就是创立自己的社群APP，将现有用户都引流到自己的社群APP，这样一来，海尔就拥有了一个自己的蓄"流量"的池子。通过这个池子，将用户变为更深一层的参与者、生产者，让用户能够与品牌产生真正的联结和融合，通过打造出来的属于海尔自己的私域流量留住用户。

这是对企业而言，那么对于用户而言，成为企业的私域流量之后，个人能够轻松与企业交流，能够第一时间掌握最新动态，能够迅速地发现好的产品以及相关实用资讯。由此看来，不管是对于企业还是个人，打造私域流量都是非常必要的。

第二，提升投资回报率。这一点说起来非常容易理解，公域流量虽然像海水涨潮一样给你引来很多流量，但是这些流量可能并不是你所需要的，大部分流量是不精准的，是会被白白浪费的，换言之，就是整体流量的转化率非常低。比如，在百家号上发表一篇文章，之后会有一个"荐"多少次，"阅读"多少次的数据。由此可以看到推荐的次数和真正阅读的次数，以及后面还有转发评论的次数等。有一个现象就是，"荐"后面是推荐了1000次，但是，阅读量却只有20次，这说明，平台作为公域流量池，将这篇文章推荐了1000次，然而，这篇文章的实际阅读量却只有20次。这就意味着，虽然在公域流量巨大的平台上，但这篇文章的阅读量仅仅占推荐次数的5%，至少说明公域流量并不能精准地推荐用户。

一篇纯内容的文章，阅读量都如此惨淡，如果是一篇营销文章，1000次的推荐量，20次的阅读量，转化率又有多高呢？由此可见，公域流量带来的流量不是精准流量，能够实现的转化率也会非常低。

如何将内容传递给精准用户，又如何提升内容转化率？这是可以靠私域流量规避解决的，私域流量通常都是占据在你的朋友圈等矩阵中潜在的用户，他们一直都在，因此通过私域流量获客是非常容易且成本极低，并且，转化率相比于公域流量要高出很多。

所以，作为商家、自媒体人只要保证产品足够优质、服务足够到位、内容足够优秀，"潜伏"在朋友圈的精准流量就会直接被转化、留住、变现。

另外，在你搭建的私域流量池中，当老用户跟商家达成共鸣、共识、共情时，他们非常愿意主动分享你的产品、内容，以此证明他们自己独到的眼光、审美能力等。通过私域流量能够更轻松地提升投资回报率以及拉新。

第三，留住老客户。对于商家而言，拉新固然重要，但是避免流失已有的老客户也非常重要。想要在公域流量留住老客户是不容易的，就好比笔者之前举的例子，在旅游胜地开奶茶店，前门大街的客流量基本上工作日都能达到几万人，但是，这几万人的客流量是来旅游的游客，不是长期生活在附近的居民，因此，留住这些游客并让他们成为老客户的可能性非常小，这就是公域流量。

但是，私域流量完全不同，私域流量首先是在私有阵地上进行，商家与用户产生交集不仅仅是依靠产品的买卖，还有一些志趣相同的爱好，彼此之间熟悉的程度等。如果仅仅依靠产品来维系关系，实际上彼此之间的关系会比较薄弱，毕竟现在网购的特点是快捷，不用说在购物的时候做到"货比三家"，就是在一个小时内"货比三十家"都可以轻松实现。因此，对于用户来说，同款产品为什么要选择在你这里购买？更多的是出于对你的信任。因此，私域流量就是要打造出强有力的信任关系。

人都是感性的，虽然现在大部分消费者还是遵循理性消费原则，然而，在实际消费行为上，仍有大批消费者保持着感性消费。所以，怎样通过产品打动用户、怎样通过自己的魅力吸引用户、怎样在打造品牌的时候融入情感，引发用户的共鸣，这才是关键的一步。只有在通过用户不断加深对产品的喜爱，对作为实际运营者的"你"充分信任的基础上，达成的买卖关系才会更加稳固。你与用户的关系也更加牢固，用户会因此而产生复购行为，一次复购行为就足以表示，这个用户已经成为你的老客户。

在这里，温馨提示各位商家，在打造私域流量的时候，融入真实的情感打动用户，要比一味地信奉套路更有用。作为运营者，良好的人设、优质的产品，用好产品传递好口碑，用真感情打动用户的心，只有用心经营才能留住老客户。当然，作为商家要清楚，私域流量不是做一锤子买卖，私域流量是为了打造长期的买卖交易关系，因此，打造私域流量的同时，必须保证自己出售的产品具有优质的品质。

第四，塑造品牌价值。塑造品牌，其实就是企业或个人通过向用户传递品牌价值来获得用户的认可，当用户认可了商家所传递的品牌价值，就会为此埋单。

一般来说，塑造品牌需要投入非常大的财力和精力，比如我们耳熟能详的品牌，哪个不是在各渠道砸进去大量财力，倾注大量心血的？毕竟，市场上同类产品竞争激烈，想要让自己的品牌被用户记住，从来就不是一件容易的事情。

例如，平时我们耳熟能详的文具是不是只有得力、真彩、广博、晨光等几个品牌？然而，实际上做文具的商家成千上万，我们购买的文具也都是来自不同厂家的不同品牌。不过，当我们一说到文具、办公用具，可能脑海里第一个闪现的是"得力"。有趣的是，如果问一个小学生平时喜欢买哪个牌子的文具，他的答案或许是"晨光"。

13

由此可见,"得力"品牌和"晨光"品牌都是国内文具、办公用具中数一数二的品牌,但是,由于面对的消费群体不同,所以在产品品牌的塑造上也各有特色。不过,品牌是让用户提升对产品忠诚度的重要因素,比如,企业购买办公用具的时候也未必只是采购"得力",小朋友在买学习文具的时候,也可能会买到"白雪"等其他品牌的纸笔。

然而,当我们在使用并不是我们认为的大品牌文具时,会在心里对产品有一个比较。比如,某品牌的水性笔似乎不如"得力"的水性笔下水更顺滑。实际上,这就是得力、晨光等品牌深入人心的一个体现。

通过私域流量把自己的品牌传递给用户,让用户想起同类产品时,会先想到你的品牌。这样的品牌塑造,一是提升了品牌价值,二是传播了品牌理念。

再举一个例子,在服装界,ONLY品牌面对的是二十岁到三十岁的年轻女性,ONLY的所有服装样式都满足这个年龄段的女性特点,个性、青春、自信甚至是张扬。同样,一般有ONLY品牌的大型商场还有一个LILY的品牌,这个品牌所面对的是职场女性,相对来说,服装从颜色到款式更适合职场上打拼的女性,比如干练、利落、简约等。当一个二十岁左右的女性消费者在选购衣服的时候,她可能首先想到的就是符合自己年龄,更加彰显青春的ONLY。这就是塑造品牌的意义,能够让产品的精准用户第一时间想到该品牌。

第五,激励用户重复购买,达成多次购买意向,提升终身价值。说到这一点,就不得不说"网红"以及"直播"。其实,不管是百万粉丝的网红还是直播UP主们,他们是比较早打造出自己私域流量的一批人。举一个典型的例子，带货主播××与他的"家人"，这里的"家人"并不是实际生活中××的家人，而是××的粉丝，因为××在他的直播间总是会亲切地称呼粉丝为"家人"。

如何从流量思维转化为用户思维

流量思维就是以"流量为王"的思维方式，什么都向流量看齐，打个比方，流量思维就像当年娱乐圈韩国SM旗下"归国四子"所带来的流量之争一样。当时，略显安静的国内娱乐圈突然迎来了从韩国EXO男团归国的四位男艺人，这四位艺人共同的特点就是拥有巨大的流量。其中，有人粉丝高达1亿多，然后，这1亿多的粉丝带来了巨大的经济效益。比如，只要有流量明星参与的综艺，收视率、话题度都非常高。

然而，流量真的靠谱吗？某位粉丝过亿的顶流艺人出演了一部电影，结果票房惨不忍睹，几个亿的投资结果只有不到两千万的票房。而这时候，娱乐圈也在反思流量艺人所带来的经济效益真的能够蔑视一切吗？

流量固然重要，但是，"流量为王"还是有些夸大其词。

随着时间的推移，流量思维转化为用户思维，站在用户角度的用户思维盛行起来。说到这里，或许有人会质疑，私域流量走的也是流量，如果流量不再盛行，那么私域流量还有被打造的必要吗？

这里需要清楚的是，私域流量并不等同于流量思维，打造私域流量也不是基于流量思维，而是基于用户思维。相比较，公域流量才是基于流量思维，因为公域流量就是靠它载满流量的流量池吸引商家入驻。

在私域流量池里每一个用户都有自己的标签，每一个用户都是独立存在且有特点的。比如，一个出售高级定制旗袍的商家和一个出售儿童玩具的商家所面对的用户群体或许会有重合部分，一个喜爱定制旗袍的女性用户同时还是一个孩子的妈妈，因此，这个用户可能分别是两个商家的精准用户，在她的身上就有两个大标签，每个标签下面又有分支标签。

同样，如果是并不重合的两个用户，一个是喜爱定制旗袍的中年女性用户，她的孩子可能上高中，不存在家里有幼儿的情况；另一个用户是家有幼儿的宝妈，但这位宝妈并不喜欢旗袍。那么，对于中年女性用户的标签，应该是"喜爱传统服饰""身材不错"，而对于宝妈的标签应该是"家有女儿""三到六岁""更喜欢益智玩具"等。

这些标签的作用就是出于"用户思维"，站在用户的角度去分析用户的特点，从而抓住用户的需求。不过，有一点需要特别注意，标签虽然出于"用户思维"，而用户思维则是每一个用户所赋予的，因此，用户思维最终落在用户对运营者的信任上。

之前，我们也强调为什么私域流量能够让留存和拉新变得比较容易，原因是私域流量是建立在信任的基础上。如何让用户感到信任，说到底，就是站在用户的角度想问题，能够做到换位思考，把握用户群体的心理和需求。知道用户想要的、需要的，也要知道用户的焦虑出自哪里，只有深度了解用户，才能通过沟通，与之产生共鸣，与之达成共识，与之共情，从而提升用户对运营者的信任感。

想要做到这一点，就要求企业了解用户群体的需求，找到用户群体的喜好，通过对用户的画像，让用户的形象更加具体。举个例子，××的公众号动辄上百万的阅读量，就连评论都是上万条。为什么她的文章会引起千万人的关注、评论、转发？实际上就是她通过内容抓住了精准用户群体的核心需求，以及用内容戳中了精准用户群体的痛点。

××的文章是把女性群体的焦虑全面展开，让很多女性在看文章的时候有很强的代入感。当时，笔者身边就有这样的女性朋友，在没有关注××公众号之前，她的生活一直很平静，和丈夫的关系也算是和谐。但是，在关注××公众号之后，可能是被文章内容戳中痛点，并且出现莫名其妙的觉醒，于是，她决定为自己活一回，先把婚离了，然后想要成为××笔下活出精彩的独立女性。

暂不说这位女性朋友的抉择是否正确，她真的是××的铁杆粉丝，不管××在公众号里面卖什么产品，她从来都不错过。

然而，我们理性分析一下，××的文章到底能够给这些女性用户带来什么？除了贩卖她们普遍存在的焦虑，就是戳中她们的痛点，但却并没有给她们止痛药，即便如此，仍然让大批女性用户趋之若鹜。毕竟，××的文字戳到了她们心底，将她们放在心底隐藏已久的心声吐露出来，让她们觉得芸芸众生之中，竟然还有一个这么了解她们的人。女性用户对××笔下的文字有一种"寻到知己"的情感，这份情感延伸出来对××的信任与信赖。

和××不同，还有一类公众号，依靠的是专业程度吸引用户。比如，"××研究社"这类专门在一个垂直领域的公众号，公众号运营者十分了解自己的用户想要看什么，所以，推送的文章都是用户所需。而且，文章质量好，专业程度高，能让用户对公众号产生类似"××出品，必是精品"的信任。

接下来，公众号再推出任何知识付费课程，用户不仅会欣然接受，而且会以最快的方式抢购名额，这一切行为就是基于用户对公众号的信任。用户会认为公众号推出的课程肯定比文章更具专业性，有更多干货。

由此可见，以用户思维为根本，才能更好地运用私域流量，更好地开发自己的私域流量池。

1.2 基于微信生态玩转私域流量

微信从出现至今，已经是大家离不开的通信工具、社交工具，一是得益于对个人账号来说，微信所有的功能都是免费的；二是得益于方便、好用。根据腾讯 2020 年报公布，微信 WeChat 合并月活用户 12.25 亿，而 QQ 月活用户跌破 6 亿。

从数据上看，微信已经战胜自己的同伴 QQ 成为全国最大的社交媒体。微信拥有一个 12 亿多用户流量的大流量池，而微信本身也是我们打造私域流量的最佳平台。我们可以把在微信上所添加的每一位好友都称为微信私域流量。同理，在抖音上的就是抖音私域流量，在微博上的可称为微博私域流量。

微信的商业体系被用户不断地挖掘，这就为私域流量的价值带来了更多空间，通过微信社交媒体，就可以产生微信号、公众号、微信群、小程序等多种渠道。作为运营者就可以在微信的平台上打造私域流量矩阵，将自己的产品、服务、品牌直接触达到用户，实现引流和变现。

什么样的生态适合私域

私域流量的确是一种很好的模式，但是，私域流量是否适合所有的企业类型呢？并非所有的产品、企业类型都适用于私域流量，在《国信证券：2020私域流量深度研究》的报告中，提出了七点要素，总体来说，这七要素的确可以作为参照：

第一，试错成本。对于信任要求越高的产品和企业越适合私域流量，同样，对于信任要求越低的产品和企业越适合投放于公域流量。

第二，品牌力。品牌力越强，实际上更适合公域流量，品牌力越小，通过私域运营的性价比会更高。

第三，忠诚度。一般忠诚度越高的产品，后续客户维护成本就越低，而忠诚度越低的产品，后期客户维护成本就越高。所以，私域运营的产品性价比一定是忠诚度较高的产品，这样客户维护起来的难度就低。

第四，购买周期。购买周期太长，就是复购周期太长是不适合的，反而是复购周期越短的产品，相对来说更容易，客户维护起来难度也更低，更适合私域运营。

第五，受众精准度。受众精准度越高就越适合私域运营，这是必然的，就像是高定制旗袍这类产品，私域运营要比直接投放公域运营更加适合。而像是受众精准度低的，比如学习文具这样的产品，放在公域运营上更适合。

第六，产品差异化。产品差异化程度越高，越容易让受众产生独特感,因此会具有更高的忠诚度,这就比较适合私域运营。而大众化产品,产品差异化程度越低的产品,实际上更适合公域投放。

第七,客单价。客单价越高的产品实际上更适合私域运营,结合前面,客单价越高的产品,实际上产品差异化程度越高,受众精准度越高,自然也就更适合私域运营。

根据以上七点,我们能够划分出三类更适合私域运营的企业、产品:

第一类,国产美妆、汉服等小众服装、二次元产品。

这类的一个特点就是国产品牌力相对来说比较低,而购买周期相对来说比较短,同时,受众的精准度比较高。

第二类,食品饮料、减肥代餐、商超等。

这些产品之所以符合,是因为购买周期比较短,产品差异化比较大,以及品牌力相对来说比较弱,而且品牌广告投入也非常有限,靠的就是线下实体店或者私域运营。

第三类,房地产中介、汽车4S店,以及一些SaaS系统企业。

这一类产品周期特别长,但是试错成本非常高,品牌力很高,同样忠诚度也很高,与此同时,产品差异化非常大,客单价也很高。正是因为占了七个要素中的四五个要素,所以,也是非常适合私域运营的类型。

个人账号怎么引发信息强触达

微信个人账号在打造私域流量池方面有独特的优势:

第一,个人账号的好友更加私密,而且在添加微信好友的同时必须征得对方的同意,因此,从一开始,两个人相互加好友,实际上就已经形成了一种认可的关系，确切来说是相互认可的关系。

第二，个人账号是可以通过朋友圈来传播信息的，朋友圈相比今日头条、知乎，微信发到朋友圈的内容更值得信任，也更具真实性。

第三，个人账号的好友是彼此独有的，其他竞争对手基本上很难获得你的个人账号好友信息，除非你们都是好友。一般来说，个人账号还有一个功能叫作"屏蔽"，你可以在朋友圈屏蔽你的同行朋友。

除此之外，你需要知道，个人账号可以强行做一些事情。比如，你可以强行在朋友圈发一些产品信息，也可以强行把某位朋友拉出来，直接发到他的对话框。当然，前提是这位朋友没有因为你在朋友圈做生意而拉黑、删除你。

这里需要注意一点，如果你的产品没有任何问题，那么，因为你在朋友圈或者私聊时发他一些产品或者相关资讯、优惠活动而拉黑、删除你的人，基本上也不在你的精准用户范围内，因为你发的产品他完全不需要，甚至让他感到厌烦。

虽然，微信私域流量不只是通讯录名单，但是，通讯录名单就是你的流量池。不过，为了避免被拉黑、删除，还是尽量不要选择直接聊天的方式。举个例子，有一位保险代理人，动不动就来一句"在吗？"接下来，也不管你在不在，就开始推销保险产品。那种感觉特别差，谁都会反感突然而来的推销，尤其是她推销保险产品的话术，感觉就像是"你"可能看不到明天的太阳了，所以，赶紧把保险买了吧。

实话实说，打造私域流量，不是打造隐私流量，每个人都有自己的底线和原则，哪怕是为了打造流量池，对于通讯录名单上并不是非常熟悉的朋友，还是尽量不要突然私聊。对方在感到莫名其妙的前提下，可能会采取"三步走"，即"拒绝跟你沟通—拉你到黑名单—删除你"。即便是面对特别熟悉的好友，也要有一定的分寸。不过，微信个人账号还有一个特点就是发朋友圈，这样做既不会过分打扰别人，又能让所有朋友看到，是发广告非常重要的渠道。

发朋友圈有很多方式，比如纯文字、纯图片、图文结合、视频，但是，建议不要发纯文字，图文结合的方式最好，视频相对来说对方如果不在 Wi-Fi 环境中，可能不会打开看。

之前，有一篇文章写现代人就连葬礼都发朋友圈，本意是抵制这样的朋友圈晒图。结果，里面有一张朋友圈截图，是一个视频，画面是熊熊燃烧的大火似乎在上面烤着什么。于是，这条朋友圈下面一个人评论道："烤全羊吗？"结果，发这条朋友圈的人回复道："我二舅火葬。"评论者赶紧说了一句："视频打不开，没看到，不好意思。"

由此可见，发视频之后，朋友圈有多少人看你的视频是个未知数，因此，想要内容更好地传递出去，尽量选择图文。当然，如果时间选择得好，在朋友圈发直播也是一个不错的方式。

一般来说，发图文结合的时候，选择 4 张、6 张和 9 张图更好看，排版上更令人赏心悦目。

温馨提示：朋友圈发图文结合的时候，要注意文字大概只能直接展示 6 行。所以，要尽量按照写文章的原则，利用前三行吸引朋友圈好友的目光，提炼重点，让别人一看就知道你发的是什么，前几句话决定了是否能够让朋友产生继续看下去的欲望。

有的人发了很多内容，结果大部分内容都折叠了。因为，如果不是自己特别好奇，特别想要知道的内容，大多数朋友在刷朋友圈的时候很少会点击"全文"。你所发的重要信息就这样被自己"屏蔽"了。所以，一定要言简意赅地把重点写在前三行，实在不行就在后面评论里做一个简短的叙述、补充。切忌长篇大论，你写的时候挺费劲，别人还懒得点击"全文"观看，你自己在浪费时间的同时，还浪费了一次在朋友圈的展示机会。

所以，个人账号发朋友圈，包括私聊都要注意内容，一定要克制住自己文思泉涌的感觉，避免内容冗长、无趣，否则就达不到预期目的。朋友圈发文要做到，内容简短、提炼重点、让人一目了然。

微信群怎样保持社群活跃度

除了个人账号，也要充分利用微信群，这里需要注意几点：

第一，家有儿女的家长要注意，微信群运营一定要避开班级群、年级活动群、家长讨论群。

第二，职场人士要注意，微信群运营一定要避开工作群、客户群，甚至要避开同事群。

第三，不管是谁，在做微信群运营的时候，尽量避开家庭群。

保持微信群的活跃度，其根本就是要让群里有互动交流，并且每天都要有一点动静。所以，学会跟用户进行交流才是运营社群私域流量的首要步骤，进而才能打造信息体系、社交营销以及发展客户等。如果不会互动沟通，就无法在社群打造私域流量。但是，如何与用户产生信息交互，让微信群活跃起来呢？一般来说有五个阶段：

第一个阶段，让用户了解产品。这一时期，你和用户如果不是亲戚、朋友、同事、同学的关系，基本上你们就是没关系，然后只是单纯靠产品来让用户感兴趣，从感兴趣到主动了解产品。之后，对于用户来说，这时期就处于一个考虑阶段，考虑是否要购买产品。

第二个阶段，用户在考虑的同时，肯定会和你产生沟通，沟通的内容就是关于产品的，这时候，你们的关系再进一步，叫作潜在关系，他成为你的潜在客户。

第三个阶段，用户终于决定要购买了，然后你们达成了买卖关系，也称为交易关系。但此时，你们的关系是比较弱的，就是如果产品不给力、售后服务跟不上，可能就成为一锤子买卖。

第四个阶段，你的产品给力，你的服务也跟得上，于是，你给他提出了一些使用建议。他对产品很满意，在使用产品的过程中对产品和品牌也给出了支持态度，这时候你们的关系在从弱到强之间过渡。

第五个阶段，用户复购，他再一次购买你的产品，在体验服务和产品过程中，成为产品的粉丝，继而他在自己的朋友圈主动分享产品，进行口碑传播。此时，你们的关系就变成了强关系，如果后期沟通没有出现大事故，你们之间的关系就可能成为长久的关系。

这不仅是针对网购打造私域运营，即便是线下实体店，也非常受用。

比如，通过门店二维码引流的方式，让上门的顾客添加商家微信，然后商家将顾客集中拉进一个群，这个群就是日常运营的群。

首先，商家在群里可以发布一些促销活动和一些新品信息吸引顾客的下单及二次下单；其次，要在群里与每一位顾客产生良好的关系，当然因为顾客各有不同，所以在聊天中，商家还是要注意一下措辞，至少不能让顾客感到不适；最后，面对一些奇葩或者有过分要求的顾客，以及和其他多数顾客易产生矛盾的个别顾客，可以选择放弃，保全大多数顾客对商家的信任度、好感度。

以上说的是直接通过线下店顾客扫码进群，对于自己不是群主的群又该如何保持社群活跃度呢？坦白地说，保持群活跃度就是群主应该思考的问题，你只需要在群里寻找有没有适合你的精准用户，然后通过"添加好友"的方式，把可能属于你的精准用户加到你的微信通讯录里。

1.3 不是所有产品/服务都适合私域流量

我们打造私域流量的目的是什么？是实现产品的变现，不管是实体产品还是概念产品，总之达到变现才是唯一目的。

上一节我们讲了适合私域运营的七要素，只要符合其中三四个要素的产品或服务就比较符合私域运营，这一节我们更加具体地来看一下，到底什么样的产品或者服务更适合私域流量。

你的产品/服务是否适合做私域流量

在之前所说的七个要素中，我们以三点为例：

第一点，高客单价。

第二点，具有复购性。

第三点，高话题性。

首先，高客单价。我们之前说得也很明白，就是客单价比较高的产品，但是，所谓的客单价高，临界点在哪里？

打个比方，一双质量不错的袜子，在淘宝上大概卖5元，相对来说质量不错，样式也不错。但是因为客单价太低，所以，我们通过私域运营提升这双袜子的客单价，卖15元一双。这双袜子是否更符合私域运营模式呢？

很显然，即便提升了客单价，但一双袜子的本身价值摆在那里，而且，朋友圈的朋友可能只对你具有信任感，并不代表朋友圈的朋友生活在无网络时代，大家还是会找同款产品的性价比更高的商家去购买，因此，通过私域运营卖袜子，如果不是走量，基本上很难拼得过淘宝、拼多多。

由此可见，如果给高客单价一个临界点，实际上就是通过销售人员，比如经纪人、销售、客服等来出售产品的传播模式所用的成本，一定会高于采用私域流量池模式。

举一个简单的例子。作为商家，你开了一家线下店，如果你通过线下店来出售商品，肯定要招聘一名销售人员，那么，产品成本上就要把销售人员的基本工资加进去，但是，如果你有足够的私域流量，通过微信就能满足你的销售额，那你的产品就非常适合私域运营。

其次，具有复购性。你的产品适合一次又一次购买。如果是销售空调等大型家电产品的商家，就不适合私域运营，因为用户买一台空调，可能用上五年、十年，如果维护得好一点可能用得更久。复购性也具有，但是，五年、十年之后的事情，谁能说得准。

但是，如果你的产品是玩具，用户在购买一次之后，肯定过不了多久还是要购买的，就算是复购时间再拉长，逢年过节、过生日都要送给孩子玩具。所以，一个用户一年之内，至少有三次，甚至更多的次数，从你的手中购买玩具。

这就是复购性强的产品更适合私域运营，因为多次购买，除了增加你的销售额之外，还增加了彼此之间的感情，在一次次购买，对产品非常满意的前提下，用户会成为你的忠实粉丝。最后，如果是同款玩具，哪怕你的产品价格上可能贵一点，他都会觉得是因为你的玩具质量更好，这就表明你们之间建立了一种坚实的信任关系。

不过，这里需要注意复购性的定量问题，比如买个空调使用五年甚至十年，这样的复购率显然不适合私域运营。一般来说，两次购买周期不超过3~6个月。比如，买玩具，元旦的时候买了玩具作为新年礼物，然后到六一儿童节的时候，还是需要购买，这就符合复购性定量标准。

最后，高话题性。这个因素之前没有提到过，但是，对于实际操作来说，高话题性的产品是非常适合私域运营的。因为，私域流量打造的是一个互动氛围，高话题性的产品有利于提升社群活跃度。

比如，医美类产品，现代女性对于美的追求是无止境的，因此，医美具有很大的话题性，一部分女性为外貌而焦虑，她们非常关注这一类的产品。所以，医美产品的功能价值和情感价值的衍生极为重要。而且，现在医美机构把握住现代女性想要变美、独立的心思，通过情感价值的附加，以及和女性对于外貌身材的焦虑产生共鸣的方式，吸引女性群体。

医美类产品十分适合私域运营。比如，之前很多女性都热衷于打美白针、玻尿酸针等，她们中很多人都是通过微信朋友圈的推荐，而非直接去相关医院。虽然这种传播方式不妥，甚至一些不法分子利用微信招揽顾客之后却没有相应的好产品导致一些医疗事故，但是，不得不说，医美产品非常适合私域运营。

我们一直从商家视角去看私域流量池打造及业务流程，现在，我们换一个视角，站在用户的角度来看一下：

首先，作为用户，通过微信朋友圈发的广告，看到了一款产品，自己对这款产品并没具有很强的需求性，但是感兴趣，所以，想要了解一下。

接下来，就是跟商家的沟通，通过有效沟通后发现，商家在产品相关领域具有专业度，不管买不买产品，跟商家聊天的过程是愉悦的，甚至涨了不少知识，因此对商家产生好感，决定仔细考虑一下。

慎重考虑之后，觉得商家的确值得信任，对产品的描述专业，在沟通过程中态度很好，于是，用户决定购买。产品购买之后，商家的售后服务很到位，产品也算是中规中矩，没有令自己失望。在使用产品的同时，继续关注商家的相关信息，发现商家总会发一些有价值的内容或者优惠活动等，而自己也觉得产品的确不错，就会二次下单。

之后，只要对同类产品有需求的时候，就能想到微信里的这个商家，慢慢地不管是想要参加优惠活动，还是想要展现自己独特的欣赏水平，也开始在自己的朋友圈转发，遇到有需求的朋友，也会推荐给商家。

最后，用户发现自己会偶尔收到商家的推荐，并且推荐的都是用户喜欢的产品，让用户有一种被单独惦记、备受关注、被理解的感觉，因此就会更喜欢在这个商家购买，一个新用户就这样被发展成老客户。

哪些产品属于高频次、复购率高的产品

私域流量具有一个特点，就是一次获取，反复利用。什么意思呢？就是在一次获取用户之后，只要下功夫经营好微信朋友圈，这个用户就会是一个长期用户。但是，我们上文也说了，如果像是空调、电视机这类的大型家用电器是不适合私域运营的，因为私域运营需要产品具有消费频次高、复购率高两个特点。

复购率我们上面也说得很清楚了，3~6个月复购，就算符合高复购率标准。什么是高频次产品呢？这一节重点介绍一下：

第一类，女性消费者常用产品，比如女装、化妆品、彩妆、鞋子等。

第二类，厨房用品，比如垃圾袋、调味品、保鲜袋等。

第三类，日常生活用品，如卫生纸、牙刷牙膏、洗面奶等。

第四类，食品、米面、蔬菜、水果等。

不过，要强调一下，第四类食品类还是要注意保证产品的新鲜，产品质量决定用户复购。但是，这一类走私域运营也非常合适，尤其是在一些购买蔬菜、水果很不方便的社区。

例如，如果附近有蔬菜、水果等便民市场、便民集市等，可能附近的居民就很少会加入相关社群。但是，对一些社区居民来说，从超市购买蔬菜水果相对来说比较贵，而附近又没有便民早市、便民菜市场等设施，这时候，私域运营就尤为重要。

某社区就是如此。有一个卖蔬菜的商家，每周四都会在固定的时间点开车过来卖菜，这个社区的居民就会在前一天通过微信卖菜群，知道明天主要有什么菜。隔天就会准时去固定地点，等待商家开车过来之后有序购买。

以上四类就属于高频次商品，说得直白一点，就是更换频率比较高，复购率高的产品。但是这里有一点要注意，因为日常生活用品相对来说会比较容易购买获取，因此，私域运营并不是非常适合日常生活用品、厨房用品，毕竟一些日用品各大超市均有销售，而且总有优惠活动。如果价位不是非常合适，很少会有用户通过微信购买这类产品。

所以，高频次产品最适合私域运营的当数女性消费者常用产品。当然，商家在进货的时候必须保证出售商品的质量，不要学习前几年微商卖面膜"卖一个坑一个"的模式，终究走不远，即便打造出如太平洋一样广阔的私域流量池，终有一天因为产品质量被流量抛弃。

知识付费产品服务为什么适合私域流量

知识付费服务其实就是通过售卖相关的知识产品或者知识服务，让知识产生商业价值，从而实现知识变现。之前我们说过一个运营公众号，因为打造出来的内容具有专业性，让精准用户对公众号产生了信任，因此，公众号推出的课程被精准用户"秒杀"。这就是知识付费为什么适合私域流量的一种表现。

还有一种表现。笔者的朋友圈有一位女性作家，这位作家专注于情感内容的写作，至今已经出版了至少八本与情感相关的书籍，为了提升自己的专业度，这位女性作家还考取了国家心理辅导师等专业级证书。

接下来，这位女性作家开始开办情感辅导类讲座，并且在荔枝微课等平台上推出免费的情感辅导课程。因为她在情感方面的解读非常专业，而且她所说出的话令人如沐春风，在短短半年时间里，她就积累了非常多的粉丝。接下来，她开始推出付费课程，一开始也不贵，几十块钱的课程，大概有四五节。但是，只要是听完她的课程，就会真的有所感悟，并且会对如何维护好婚姻关系、如何处理好夫妻相处模式等有一些浅显的认知。

但是，对于如何更深层次地改善婚姻现状、如何挽回濒临破碎的婚姻等就需要直接咨询。为什么不开展更具体的情感课程？她的解释是"幸福的婚姻大都相似，不幸的婚姻各有各的不幸"。也就是说，如果遇到了婚姻问题，在听完课程之后，仍然很难去改善现状的朋友可以直接加她的微信号，和她进行一对一的情感咨询。但是，情感咨询的收费要贵一些，每小时的咨询费用要比付费课程高两到三倍。

据说，目前咨询她情感问题的用户都要预约，她的微信号从一开始只有400多人，现在要按时删除一些没有往来的微信个人账号，以保证微信通讯录不被爆掉。

所以，知识付费产品非常适合私域运营，因为随着移动互联网技术和移动支付技术的同步发展，知识变现越来越普及，能够通过自己的知识储备能力帮助更多的人解决问题，一方面让更多的人获得知识、解决自己所面临的问题，另一方面实现自己的知识变现，的确一举两得。

现在人们的消费观念和消费方式都发生了很大的变化，人们所产生的阅读习惯也在发生变化。因此，很多有影响力的"大V"或者在某一领域的专业人士，通过出售知识等方式获取收入。值得注意的是，在公域流量平台知识变现的力度比不上私域流量进行变现的力度。

就像上文中的女性作家，她的客户不只咨询一次，很多人会反复咨询，而她也因此成为万千女性的情感顾问。当她的用户通过添加她的微信号而与她一对一咨询时，对她而言，就可以彻底地从荔枝微课这样的公域流量池里面出来，专心打造属于自己的私域流量池。

线下实体店如何靠私域流量盘活

私域流量能够开拓的不仅是线上生意，对于线下实体店也是一样。在2020年上半年，很多幼儿园不能正常开学，就让很多私立幼儿园走向了不同的发展方向。举个例子，在笔者居住的小区里，有两家私立幼儿园，因为有半年时间没有开园，其中一家幼儿园就关门了。而另外一家幼儿园，不仅没有关门，而且入学人数剧增。它是怎么做到的呢？

这家幼儿园虽然也有半年多的时间没有开园，但是，幼儿园的园长带领幼儿园老师充分利用微信。老师在线上发布收费课程，课程虽然是收费的，但是相比其他教育机构来说，费用非常低。通过低价的线上课程吸引了本幼儿园的大班学生，此外，因为家长们都担心孩子学习方面，于是，通过在微信群里的转发，让其他幼儿园的学生家长也订购了她们的课程。

与此同时，幼儿园的园长通过微信建立了"早中晚饭群"，利用幼儿园厨房给不想做饭的家长提供各类主食、菜品供应，并且由幼儿园的老师直接送到家。不仅幼儿园孩子家长会在群里购买，小区里很多上年纪的老人，上班族也都慢慢加进群里。

所以，即便幼儿园不能正常开园，可是这家幼儿园的经营项目不仅没有被限制，而且充分利用微信工具，调动起幼儿家长们的积极性。等到幼儿园可以正常开园迎接学生时，不仅原来的学生陆续入学，还转来了大批新生。

不过，在这里需要说明，幼儿园有一个特殊性，那就是幼儿老师有所有幼儿家长的微信，只需要把产品或者服务发到群里就会有家长响应。对于没有这种有利条件的线下实体店老板，其实可以推出一款不以营利为目的的引流产品，先把用户吸引过来，然后通过加微信实现流量转化。这里要注意的是，产品是"不以营利为目的"，是可以成本价出售，并不代表是赠送，不是让商家赔本赚吆喝，而是要在产品能够回本的情况下做这样的活动。

以上文中我们提到的蔬菜私域运营者为例，这个蔬菜商家每周四上午在固定的时间、固定的地点出售蔬菜，这一点加入他微信群的社区居民都知道。我们还提到，在周三晚上，这位商家就会把一些蔬菜的种类发到群里，还会把隔天会推出的特价菜发到群里。并且，商家承诺只要是把这条信息转发到朋友圈的用户，可以凭借发送到朋友圈的截图获得某一种蔬菜买一斤送半斤的优惠。

所以，社区买菜群用户从一开始的三十多人，慢慢发展到了将近三百人。当然，他的蔬菜水果比起社区超市既新鲜又便宜，因此买过一两次的用户之后就认准他了。但是，大家也都知道，这个卖菜的商家实际上是有线下店铺的，就在距离这个社区大概三四站地的地方，所以，除了周四之外，微信群里有时间的用户还会特意去他的店里买菜。

再举一个例子。大家都知道去海底捞吃饭，它的服务算得上是事无巨细都在掌控之中，可能你一动身，服务员就会热情地迎过来，服务至上一直是海底捞的特色。在微信社群营销的大潮下，就连海底捞也抓住机会，来店里的用户通过扫描二维码等方式关注海底捞公众号，通过公众号实现预订座位、送餐上门等服务。比起去店门口等待，在公众号上预约节省了食客更多的时间。

由此可见，不管是卖菜的小商家，还是海底捞这样的大商家，都能通过私域流量实现稳固老客户、发展新客户、增加用户复购率、提升销售额。

所以，为什么我们要打造属于自己的私域流量呢？因为我们需要把用户掌握在自己的手中，不受制于公域流量。摆脱公域流量，我们才能让产品、内容等轻松变现，这就是打造私域流量的必要性与必然性。

第二章

裂变：从无到有，裂变快速创造规模化用户

有人会担心，私域流量如果不能继续蓄水，不敢放水，会不会像一潭死水一样，最后成了鸡肋，食之无味，弃之可惜。

坦白地说，如果运营者能够用心经营是不会出现上述情景的。一般来说，当商家和用户成为强关系之后，商家和用户就会通过社交互动的方式不断地加深彼此之间的信任、好感，并且让信息的流动性更强。与此同时，用户会主动分享，从而实现以老带新，在拉新的过程中产生裂变。对于运营者来说，通过老用户带来的新用户更具信任基础。

2.1 搭建独一无二的私域流量池

私域流量的出现，实际上打破了传统的商业逻辑，很多人认为因为有了私域流量，买卖不再是一次性交易。实际上，这样的措辞有点夸大私域流量，或者说，从另一个角度诠释了私域流量只不过是一个在互联网时代的专用名词，但私域运营的行为实际上早就出现了。

比如，在二十世纪八九十年代，通信都不是很发达的年代，更没有淘宝、京东、拼多多，大家想买东西都是就近或者去熟悉的商家。比如，一般来说，顾客都会去同一家服装店买衣服，因为熟悉了服装店的老板，觉得老板给自己推荐的衣服物美价廉。站在私域流量的角度，对于这个商家而言，复购次数高的用户，其实就属于他个人的私域流量。

因此，不要觉得打造属于自己独一无二的流量是一件多么难以实现的事情，实际上就是靠着自己的沟通能力、服务态度、产品质量等，吸引一个又一个用户，重复在你的店里买东西。并且，当用户对某件产品有需求的时候，第一个能想到的商家是你，这就说明，你的私域流量已经稳定了。你的私域流量池也将如同蓄水池一样慢慢聚集更多信任你的产品、信任你人品的众多新老用户。

用传统方式加好友的主动引流有用吗

私域流量池需要大量的流量，但是很多人面临的第一个问题就是微信朋友圈的朋友并不多，这时候怎么办？最简单、最传统的方式就是加好友主动引流。

比如，通过某个活动得到了一些用户的个人信息，包括手机号、微信号等，一般来说，如果不是深层渗入的活动只能得到一个手机号。具体一点，很多商家都会在人流量多的地方发宣传单，并且，会开展留电话可以领取一件小礼物的活动，这时候，商家得到的就是姓名和电话。

得益于微信号基本上与电话号码直接关联，可以通过输入电话号码找到对方微信并添加。这时候，你在"添加好友"时，在"验证申请"这一栏里所填写的内容就极为重要，毕竟，现在很多人不愿意添加商家为好友，如何在"验证申请"里面输入合理的添加理由，以及输入的添加理由不被对方直接拒绝呢？

例如，兴趣班的选择完全取决于家长的态度。就算是留下电话号码的家长，可能也只是因为孩子想要小礼物，并不是真的想要去学习一门兴趣课程。但是，如果在"验证申请"时输入"中考美术成绩占比提升，您的孩子需要了解一下吗"，首先，提出了一个紧迫的前提，美术成绩也将算进中考总成绩，这条信息的传递，让家长很难直接拒绝添加，甚至，有的家长为了想要了解中考各科成绩占比政策等信息，会直接通过。

以上是通过活动得到了用户电话，再通过电话号码添加微信的方式。

比通过电话号码找到微信号添加，更容易跟用户产生联结的就是直接扫用户的二维码，实际上，到达能够直接扫用户二维码的阶段，说明已经和用户有了共同认知，基本上"扫一扫"的用户就是你要重点培养的潜在客户。

当然，还有更多时候得不到用户电话号码，也没办法与用户直接扫码加微信，怎么办？采用大海捞鱼的方式，通过微信"雷达加朋友"，这一功能是搜索方圆几公里之内的陌生人。

除此之外，采用"摇一摇""附近的人"等方式也可以添加好友，增加微信通讯录名单。但是，这里要温馨提示一下，通过"摇一摇""附近的人"等方式添加好友实际上带来的效益不是很大，存在的隐患却不小。

虽然，我们在添加的时候可以有选择地选定"只看女生"或者"只看男生"，并且可以直接点击"清除位置信息并退出"按钮，让自己隐藏起来。然而，这样的添加，第一，被直接拒绝的概率非常大，第二，即便是通过了，也可能对方抱有某些不为人知的意图。

因此，如果商家想要添加好友，还是通过更靠谱的方式获取用户信息再添加，或者是通过参与一些行业活动等，在活动现场去添加一些好友。这种能够通过具体的手机号、微信号或者能在活动现场直接通过"扫一扫"方式添加好友，还是比较稳妥的，并且未来能够带来真正的转化率。

如何在茫茫人海中找到精准用户群

上文我们介绍了传统添加好友方式中有些方式，实际上带有非常明显的弊端，尤其是"摇一摇""附近的人""雷达加好友"等，大海捞鱼，捞到什么算什么，但实际上你想要的石斑鱼一条都没有。所以，如何找到精准用户更加重要。接下来我们就说一说如何在茫茫人海找到自己的精准用户：

第一，通过添加与自己兴趣相投、志趣相投的微信群，进群找人。比如，作为一个卖茶叶的商家，在微信里搜索一些关于"茶叶""品茶""茶艺课"等关键词的微信群，进入群里，通过观察，主动加一些对茶有着极浓兴趣的用户，重点培养与他们的关系。当然，一般微信群群主都会设置加入权限，那么就要遵守群规，不要急功近利，而是采用慢火炖汤的方式，慢慢渗入，最终从里面挖掘出自己想要的精准用户。

第二，通过公众号找到微信群。比如通过关注一些公众号，然后找到自己想要进入的群，比如同城群、宝妈群、游戏群等，如果卖母婴用品就多进入一些宝妈群。进群之后一定要积极发言，发表一些专业而且看起来非常实用的言论，从而引导群里更多的用户关注你，再实现与群成员之间的互相添加。

第三，豆瓣小组找群。很多人觉得豆瓣太文艺，实际上在豆瓣上群分类是非常精准的，通过搜索框输入"××交流群""××微信群"等关键字就能够很快找到相关小组，进入之后会有大量的社群信息。

第四，微博找群。在微博找微信群看的是图片，因为，很多平台禁止发与"微信"相关的关键字，因此，很多微信群为了扩张就会在图片上直接打上"微信群号"等信息。不过，在微博上找微信群不如直接在腾讯旗下的社交平台直接找微信群来得快捷。

第五，通过腾讯课堂找群。腾讯课堂有很多付费课程，在付费课程页面也会留有与之相应的 QQ 群联系方式以及扫码入学习群的微信群二维码，直接点击识别二维码入群。比如，作为卖茶的商家，可以通过腾讯课堂找到茶艺课，学习茶艺课的用户基本上也是有购茶需求的用户，可以说这样添加的社群、用户都是比较精准的。

第六，线下活动。线下活动扫码送小礼品，这种方式相对来说成本会略高一些，因为上述几种线上方式找精准用户可以说分文不花，但是，扫码送礼品就具有一定成本。不过，线下扫码方式的效果相对于从线上找群再添加精准用户更直接，也省去了很多在群里塑造个人品牌、个人形象的时间。

除此之外，还可以参加活动添加用户。比如，作为卖茶的商家，自己也去参加一些别的茶商举办的品茶活动，或者是其他茶商举办的茶艺活动，通过参加活动，与一同参加活动的成员交换微信。这种方式的通过率非常高，而且精准性很强。

怎样在添加群成员时不被拒绝

在本章开始，我们介绍了一个如何在填写"验证申请"时不被添加好友拒绝的问题，现在，我们再说一下如何在添加群成员的时候不被拒绝。

如果不是熟人邀请进群，很多时候是要"验证申请"入群，有一些群主本身就是商家，他们不希望自己费力组建出来的群里面"潜伏"着同行商家。所以，除非是熟人引进，不然就要通过申请验证这道关卡。

不过，通过这道关卡相对来说比较容易，只要把自己作为用户的一面展现出来，把自己与这个群志趣相投的一面展现出来，群主基本上就会通过。然而，我们的目的不是进群，而是"潜伏"在群里，挖掘属于自己的用户，也就是添加群成员。

除了个别设定了"不能通过群添加"的用户之外，很多用户是可以互动添加的，但是，添加的时候同样面临直接被拒绝的大概率事件。那么，我们该如何添加群成员呢？

第一，尽量挑选门槛比较高的目标群，甚至是付费群，因为付费行为导致整个群里的用户信任度更高。

第二，设置好自己的群昵称，在群里主动介绍自己，在群里活跃一点，让更多的群成员认识自己。

第三，在群里遵守群规，观察其他人的发言内容，与其他群成员搞好关系，如果是同城还可以发出邀请，增加彼此交流的机会。

第四，进群之后要发表一些有价值的内容，有干货的内容，发一些让别人感觉长了知识的冷知识内容等，提升群成员对自己的看法，给自己贴上一些专业、更值得信任的标签。

当然，在群里也不能表现得比群主更积极活跃，让人感觉目的不纯。刚入群的时候，一定要多看少说，说的一定要有道理、有逻辑、能够吸引人。

需要注意的两点：

第一，发表内容要精简，不要洋洋洒洒写了一大段又一大段话，不知道想要表达什么内容，啰唆了半天没有重点，结果给群成员留下了非常不好的印象；

第二，措辞要合适，不要生硬地去评价群成员所说的话，也不要没礼貌地指出群成员的口误等，只需要态度不卑不亢，和蔼亲切地在群里表达对群成员的尊重和友善即可，让人觉得和你打交道是一件舒服的事情。

在群里"潜伏"一段时间，慢慢地去挖掘可能成为自己用户的群成员，然后再添加，因为，在你进群之后，前期在群里的铺垫很多，大家又共处一个群，你在群里的发言既有价值又非常有趣，你所表现出来的让群成员更加容易接受，这就直接提升了你添加群成员的通过率。

由此可见，想要通过微信群添加群成员，最重要的在于能够潜下心来在群里打造好自己的人设，在群里铺设好未来添加群成员的道路。

当然，如果是同城还可以相互约着线下见面等，一来见面直接交换微信号，通过率几乎为百分之百；二来线下见面可提升用户对你的好感度、信任度等。

进群只是第一步，想要添加群里的精准用户，接下来的每一步对于能否成功添加群成员至关重要。

为什么说日常维护非常重要

我们添加了群成员之后，并不是一个胜利的节点，而是打造私域流量的起点。在成功地添加了群内好友，两个人就是熟悉的陌生人，你说你和他熟悉吗？的确也熟悉，大家在同一个群里认识很久。但是，仔细想想，你们既没有关联也没有交集，甚至没有见过面，走在大街上可能也会擦肩而过，属于这样的陌生人。

所以，做好日常维护，让对方能够感觉到你的真诚，而不是感觉到你加他的目的就是推销你的产品，这一点尤为重要。

现在，我们来说一说添加群成员之后如何做好日常维护？

第一，添加群成员之后，不能置之不理，而要在第一时间做一个简单的自我介绍，在自我介绍里，要着重提到和对方有相同的爱好等，让对方觉得你是因为和他有一样的兴趣爱好而添加他，大家的关系会因此更进一步。

第二，添加之后，要关注对方的朋友圈，时不时点个赞，评论一下，一方面增加自己在对方朋友圈的出镜率，另一方面也让他感受到你对他的关注。

第三，当关系进一步之后，或者说你发的产品信息等让他产生兴趣之后，他在询问你相关内容时，你可以直接告诉他与产品相关的信息。推荐给他的时候，不要生硬地阐述"就是想要卖给你产品"，而是要说"觉得我家产品挺适合你"，然后提出自家产品能够给对方带来什么样的价值，让对方顺理成章地接受你的产品推荐，甚至感觉你是站在他的角度去提供给他更好的产品、服务等。

第四，在确定对方就是精准用户的前提下，可以给对方邮寄一些产品小样。很多人说日常维护可以发红包等福利，但是笔者认为，发红包如果数额太小会被对方嫌弃，如果数额大一点，对于商家而言承担的成本就会直接增加。不如发一些产品小样，一来让他能够感受到你的真诚，二来让他能够使用到产品，对产品产生好印象。如果他真的在使用小样过程中非常满意，购买就成了水到渠成的事。

所以说，商家在日常维护的时候一定要精心，不要急功近利。不要以为添加了很多精准用户的群成员就是胜利，实则是私域流量运营的开始。每一个通过验证的新朋友，都会用一段时间去了解你和你的产品，用户对于运营者也需要深度解读和认同，才会最终放心地在你这里购买产品。

因此，运营者添加了群成员之后的聚焦点，先不要想如何让这一批私域流量变现，而是要想如何让这一批私域流量成为稳固且忠诚的粉丝。这就需要运营者站在群成员的角度为他们提供感觉更舒适的相处模式。当他们真的对你产生认同感，也认可你的产品之后，他们就会像是私域流量池的每一滴私域流量，为你带来更多的价值，也同样会给你更大的帮助。

2.2 利用现有流量进行裂变

上节中我们讲述了如何添加好友，发展自己的微信通讯录。本节我们来讲一讲如何利用现有流量进行裂变。

有丰富经验的运营者都知道，在拥有一定的用户之后，想要成功地推出产品展现给用户并不难，难的是如何将用户和产品有效地结合在一起。我们不像著名网红××，拥有几千万的粉丝，不用管什么产品，只要是他在带货，他的"家人"粉丝们就会义无反顾地购买，产品类型不需要考虑、产品质量不需要考虑，甚至不需要考虑粉丝对产品的反应。

刚开始做私域运营的运营者想要提升产品销量，就要考虑产品本身、运营方式、用户兴趣。所以，运营者还是要建立一个微信用户交流群，在交流群里可以按照产品种类、用户兴趣、用户销量等进行分类，让每个用户既能感受到自己在你这里的与众不同，也能够感受到自己并非独自前行，而是拥有一批与自己志同道合的好友。大家在一起，享受着每天的活动、优惠福利，能够及时购买到自己所喜爱的商品。与此同时，他们也会为了展现自己独到的目光，把你的信息发布在他们的朋友圈，或者直接拉新用户进交流群。

所以，对于微信里面的老用户，运营者必须非常用心地经营。这些老客户是对你的产品和品牌有了认知度、认可度的群体，他们会主动地将你的产品、品牌、微信等传递到另外一个微信朋友圈、微信群等，他们具有的忠诚度更基于对你个人的信任和信赖。

有些商家会通过给老客户优惠来拉新。比如，一个绘画班，只要老客户介绍过来四位新用户，在四位新用户付费之后，老客户就会得到相应的优惠，例如赠送一个月的课程，也就是四节课，或者直接在下次缴费中减免四百元钱等。总之，这样的活动实际上是在激励老客户为商家拉新，当然，前提是商家的产品、服务、教学质量的确值得老客户动员身边的人报课程。

如此一来，对于商家而言，就呈现出辐射状的流量裂变形式，迅速扩大了商家的私域流量池。

如何通过互动场景增强用户体验感

现在都讲究场景体验，就是让用户置身于场景之中，然后激发用户的购买欲望，即便产品对于用户来说并不是所需品，但是，因为场景引导，用户还是忍不住为自己的体验感付费。需要说明的是，用户体验是用户在体验场景的过程中逐步建立起来的一种感受，是一种良性体验，在促进用户对场景认可的同时，提升用户购买率。

然而，一旦用户在场景体验中的体验是恶性的，那么，用户会直接离开场景，所以，运营者在设计场景或运作场景的时候，一定要站在用户的角度，考虑到用户体验方方面面的事，比如从以下三方面着手：

第一，在场景体验中，打造痛点、痒点和尖叫点。好的互动场景体验可以让消费者产生消费动机，让消费者更愿意在场景中埋单，从而提升转化率。要让消费者更愿意埋单，就要把场景做到能够触动消费者。触动消费者有三点：戳中消费者的痛点，一般来说戳中痛点，放大焦虑感更容易带动消费者的消费情绪；搔到消费者痒点，这一点实际上不如戳中痛点更直接、更彻底；最后一点就是尖叫点。不管是痒点还是尖叫点，实际上都是基于痛点，如果抓不住消费者痛点，消费者是不会在场景中毫不犹豫地产生购买行为的。因为消费者只有感觉到自己被认同、感觉到在体验中产生了共鸣，才会为此埋单。

第二，增加关联场景。围绕消费者核心需求增加关联场景。比如举办品茶会，可以请茶艺师在现场展现茶艺，然后大家在品茶的时候表现出对茶的喜好，对于很多消费者而言，这个环境促使他坚定了购买茶的决心，因为他也希望能够沏出美味的茶，让自己沉浸在茶香之中。但是，如果场景的话题不是茶艺，而是与品茶、茶艺无关的推荐陶器等话题，可能对于特意来感受茶艺的用户来说意义并不大，也无法引起他们的兴趣，这样的场景对于促成消费毫无作用。

如果运营者想要在活动中向用户推荐陶器，那么就应该举办一个制作陶器的活动，能够确保来参加活动的都是对陶器感兴趣的用户，让每一位用户亲手制作陶器并且为自己制作的陶器埋单。这对于消费者来说，不仅仅是一次体验，更是自己制作出来的工艺品，他享受过程，也同样愿意为此次活动埋单。

第三，用户主导场景。场景体验是为了让用户参与进来并且通过参与场景体验产品和服务，所以，用户应该是场景的主导者。在"用户之上"的理念下，增加场景之前，要以用户为主导来决定是否增加，场景体验的场景设置不能是运营者拍板决定，而是要让用户能够感受到主人翁的角色，让用户主动增加场景。如果设置好场景再找用户进入，实际上很难真正触动用户，激发用户的认同，更不可能与用户产生共鸣。所以，作为场景体验者的用户又是场景的主导者，运营者只需提供按照用户意愿搭建场景的服务，这样才能真正提升用户场景体验感，提升用户购买欲望，最终促成购买行为。

如何有效推广

利用微信平台和用户互动是私域运营策略的一种，运营者依靠微信发起多个有趣、有意义的活动，调动起微信群用户的参与度和积极性，从而拉近运营者和用户之间的关系。那么，如何进行活动策划让活动实现有效推广，实际上还是要注意一些活动形式。

第一，微信签到。现在不只是微信，很多App都有签到功能，包括我们下载京东金融App有一个每天签到赢取钢镚儿的活动，就是在每天签到的基础上能够得到0.01的钢镚儿，一天似乎没多少，但是365天坚持天天签到，累积的钢镚儿就会越来越多，然后可以直接用于抵销商品金额。

微信签到也是如此，如果每天在微信群里签到，比如坚持一个月的用户可以通过签到积分获取一些产品小样等礼品，而对于你搭建的微信群来说，用户坚持每天签到，说明他每天都在关注群里动态。因此，有必要通过积分换礼品、积分返现、积分直接抵消消费金额等方式调动用户的积极性，同时，也能让微信群每天保持活跃度。

第二，微信抽奖。前两年微信抽奖非常火热，现在稍微冷却下来，但是对于私域流量而言，微信抽奖还是一个很有效的方式，因为抽奖结果兑现有很多种方式，并且可以将抽奖结果直接体现在购物时的优惠上。比如，抽奖结果是成倍增加积分，然后在购物时可享受积分返现等优惠。

只要力度足够，用户都会积极参与，这样就调动了微信用户的情绪、聚集了人气，也拉近了用户与运营者之间的距离。当然，抽奖还是要设定不同奖项，更重要的是，运营者要信守承诺，这样就会让抽到奖品的用户主动分享、传播好口碑。

第三，转发朋友圈。现在很多活动只要转发朋友圈，就能赢取相应优惠，比如，对于教育培训来说，只要把广告信息发到朋友圈，并且集满一定数量的点赞，就会直接送课时。有的活动是转发朋友圈，可直接领取奖品。这个方法对于实体店非常有效果。比如，转发朋友圈可以到线下实体店领取相应小礼品，或者转发团购信息，满团之后就会给予转发的用户折上折的优惠。总之，微信朋友圈的用户非常喜欢类似的活动。

温馨提示：微信活动的衡量标准要提前定好，不能说转发一次就送小礼品，结果还没有变现，成本就直线增加。微信活动效果的衡量有多种方式：

根据移动端的流量来衡量；

根据粉丝的增长数量来衡量；

根据销售额的增长倍数来衡量；

根据点击量和销售额来衡量。

只要达到其中一种标准就可以领取礼品，或者享受折上折等优惠。毕竟，每一个商家都是做生意的，我们之所以打造私域流量就是为了提升销售额，如果，只是为了活动本身，就没有必要开展活动了。

通过红包快速涨的粉会不会更容易掉

如何让死寂沉沉的微信群突然活跃起来？

答案是在群里丢一个红包。

有一段时间，很多运营者通过红包快速涨粉，但是，通过红包快速涨的粉会不会更容易掉呢？的确容易掉粉。

另外，通过红包快速涨的粉其目的不纯。举个例子，身边有一位朋友在一个健身群里"潜伏"着，她并不喜欢健身，之所以在群里"潜伏"着，是因为时不时地就会有红包。红包的金额往往不大，最多也就几毛钱，甚至几分钱，她往往一边吐槽红包太小，一边抢得不亦乐乎，用她的话说就是抢红包的过程还是挺有趣的。

但是，这样发放红包有利于私域运营吗？直接一点问，这样通过发放红包达到裂变涨粉之后，能持续多久？

前一阵子，流行 H5 页面添加裂变红包插件，然后通过活动让用户在玩的同时不知不觉帮助商家传播推广和分享。但是，这个方法到现在都没有大规模地流行起来。

首先，用户喜欢抢红包，但是对于几分钱、几毛钱的红包，又要关注，又要转发，说实话钱少事多，到最后用户掂量一下也知道孰轻孰重；其次，真正热衷于抢这类红包的受众似乎并非产品的精准用户，可能他们的目的就是抢红包，几分钱也不嫌少，毕竟是动动手就能抢来的，也不用花费什么心思，发到朋友圈的内容可能在抢完红包之后就顺手删除，根本没给商家带来有效推广；最后，这种 H5 页面就差把"套路"两个字写上去了，更重要的是，大家真不差那点钱。所以，裂变红包的活动越来越不被用户青睐。但对于商家来说，投入并不算少，虽然一个人分到的只有几分钱，但几百个人甚至几千个人算下来，就是一笔不小的投入。

如果要用裂变红包，还不如直接针对微信群里或者微信通信录里的用户，金额大一点，激发他们转发的积极性。

发红包快速涨粉可以在短时间内达到效果，只是涨来的这些粉不能作为我们的私域流量一直存在。所以，对于商家来说，发红包永远不是涨粉的首选途径，因为通过红包裂变的粉丝，对于你的产品所产生的兴趣远远低于对红包的兴趣。有时候，太少的红包会起到适得其反的作用，因为红包数量太少，用户可能会直接与你这个人的人品、对金钱的态度挂钩，比如，"红包这么少，估计这个商家也很难打交道"。一旦用户产生了这样的想法，说实话，把你拉黑只是时间问题。

2.3 想办法在现有基础上扩大流量

很多人的微信里没有那么多用户,怎么办?答案是想办法在现有的基础上扩大流量,增加用户队伍。笔者也知道不管通过什么方式,想要捕捉到流量的成本都在增加,所以,笔者才会建议大家自己打造私域流量,这样的话,流量都是自己的,也不用再花成本去"捞"流量。而且,私域流量带给自己的不仅是降低成本,还会直接提升用户精准度。可是,我们要怎么做呢?

怎么才能从公域流量里捞来流量

从公域流量池里面捞流量,就是从百度、淘宝、快手等平台上捞流量。比如,我们在淘宝上开个店铺,店铺里面产品图片或者其他图片上打上自己的微信,在产品介绍里面,在客服沟通时,可以推荐用户加微信直接沟通。把在淘宝平台公域流量推荐过来的流量通过加微信的方式,直接转换为自己的流量。除了在图片等地方展现微信号之外,还可占据某个长尾关键词的品类搜索结果的首页,提高产品或店铺被用户搜索的概率。

同样,在快手,我们也可以将自己的微信号和QQ号放在个人介绍的图片上，但需要注意的是一定和在淘宝捞流量一样，别把"微信"两个字直接写出来，写"VX"或者是"加V"大家也都理解。当然，你写出来"微信"两个字也会被其他平台直接屏蔽，不如通过拼音、谐音、符号等方式来避开敏感词。

还有一些公域流量平台也可以，比如拼多多、京东，审查得相对严格一些，那也能够在与用户沟通的时候，通过加微信获取更大优惠等话术，引导用户主动添加微信。此外，像58同城这样的网站，或者社区平台这样的论坛网站，都可以从中捞流量，尤其58同城、社区小程序、社区APP等，很容易捞到精准用户。

但是，在这些地方捞流量，最关键的不是方法，而是你是否能够引起公域流量池里面流量对你的关注。比如，大家都知道通过图片等方式能够展示出自己的微信号，可是，有的流量就是视而不见，或者看见之后也直接无视，原因就在于你捞流量的工具不行。例如，一个店铺装修得十分有特色，特别吸引用户的眼球。这个用户会收藏店铺，当一个用户收藏了你的店铺，那么这个用户就是在公域流量里走出来半步，如果用户在访问店铺之后，发现不管是店铺还是产品都让他满意，并且达成一次购买行为，再让用户加入微信交流群就容易很多。

同样的道理，运营者需要在公域流量里面做好基本功，做出能够让用户一眼看上就舍不得走，或者进店铺转一圈就把店铺收藏的设计。只有让用户对你的店铺"一见钟情"，才会催发下一步的购买行为。此外，图片要精美、文案要精湛、客服要给力。当这些条件都符合之后，你会发现从公域流量池捞流量放到自己的私域流量池，也不是一件难事。

捞别人家流量池里的流量算不算犯法

说实话，捞别人家的流量主要是对方没有证据证明你捞流量了，所以谈不上犯法，可以捞。但是，怎么捞流量却是一个技术活。

第一，光明正大地购买。如果能用钱买来的基本不算难事，的确，直接购买私域流量账号是走了一个捷径，把"大V"号直接入手，这些大V动辄上百万的粉丝就是你的了。而且，有能够进行账号买卖的媒体平台，只要有钱，就可以走捷径。

但是，这条捷径也并不好走。首先，购买"大V"账号所需要的可不是小笔的投入；其次，这些账号随便带次货所赚的都比卖账号多，所以，为什么会被出售？想不通其中缘由就不要轻举妄动；最后，有些看起来流量很美的"大V"账号真的很美吗？上面的粉丝是真正的活跃粉丝吗？

如今是一个以打造私域流量为主的时代，那些通过几年时间将自己打造出千万私域流量池的大V们会轻而易举地出售自己的账号吗？所以，在这些问题没有得到确切答案时，我们还是要慎行，避免上当受骗。

第二，间接转化别人的私域流量。这种行为是悄悄进行的。比如，卖彩妆的商家可以在微博里多关注一些美妆博主，这些美妆博主的粉丝大多数都是女性，然后，美妆博主发一次微博动辄有十几万甚至上百万的转发以及上万条评论。重点来了：在评论里做文章。比如，用评论引导美妆博主的粉丝关注你，然后觉得你可能是个专业又有趣的人，就会主动加你。

除此之外，比如一些热门的内容，在热搜榜上长居不下的内容，都可以及时地到热点内容下面进行评论，评论的内容里面最重要的不是打广告，而是要发表态度。这里注意两点：第一，评论热搜榜上的作品，特点就是流量大、竞争大、用户不明确，但是如果评论得非常精彩，也会有成百上千的点赞，从而在众多评论中脱颖而出；第二，评论同行，比如彩妆商家评论美妆博主的彩妆，特点就是流量小，但精准度高。

在这里，一个人最好拥有两到三个号，大号一个，小号一到两个，用大号去评论，然后在评论区打出自己的广告，广告内容就是让"感兴趣的可以关注小号"，小号主要用来打造私域流量池。

但是，要注意评论不能太频繁，太频繁的评论引流很容易被平台监测到而被系统禁言。因此一小时内评论两到三次就好。总之，你的目的就是引流，没必要太频繁。太频繁的引流，不仅平台直接禁言，就连别人家的粉丝也直接给你屏蔽了，得不偿失。

第三，互相合作，资源互换，强强联合。在选择互相合作的对象时，尽量避免你们是同行。举个例子，你是卖鞋子的，对方是卖袜子的，即便是强强联合也不会影响彼此的生意，但是，如果都是卖鞋的商家，基本上也没有强强联合的基础。所以，在寻找合作的时候，找到更适合并肩作战的队友，也会事半功倍。

运营者可以找一些大咖帮助自己推广，因为大咖的凝聚力和影响力都比较强。但是，大咖们肯帮你推广也是有其原因的。比如，有一个大咖是做补水仪器的，有两个商家想要跟这位做补水仪器的大咖强强联合，一个商家卖的产品是文具,一个商家卖的产品是护肤品,毫无疑问,补水仪器的大咖首先要选择与卖护肤品的商家合作,因为这两种产品之间存在互补性,在帮助护肤品商家推广的同时,也是在帮助自己的补水仪器做推广。反过来看,卖文具的和自己的产品受众几乎不挂钩,如果补水仪器大咖和卖文具的商家合作就不叫强强联合了,而是叫流量慈善。

以上主要论述了三点:

第一点是用钱直接买一个有私域流量池的账号,就好比买一个拥有自家游泳池的别墅,钱多,而且隐患多;第二点是真的"偷",那么行事要隐蔽,不要频率太高,以免被逮到,否则轻者被粉丝痛骂,重者被平台禁言;第三点是不算偷,找和自己产品有关联的强者合作,从强者的手里光明正大地要一些流量。

在自己的私域进行裂变需要注意什么

如果说捞别家的流量很难,怎么办?那就铆足劲在自己的私域里面进行裂变。实际上就是把自己的微信名片推荐给粉丝,通过各种方式让粉丝帮助自己把微信名片推广出去。但是,想要粉丝主动帮自己推广转发和分享微信名片,就要激发他们的积极性,以及激发他们的传播动力。最后还是回到了通过优惠活动、通过优惠福利、集赞送礼等方式,让粉丝们愿意把你的微信名片传递出去。

在公域流量没办法得到流量时,在自己的私域里面人数比较少的情况下,需要更加有耐心地培养粉丝的忠诚度和信任度,让粉丝不仅作为粉丝存在,更作为你的合作伙伴存在,让他主动去传播你的微信名片,让他主动拉新到微信群里，从而实现粉丝裂变。

　　当然，不管用什么方式，最终落脚点还是在产品质量和内容质量上。如果用户觉得你的产品真的好用，他会主动传播出去，让更多的人知道，如此一方面满足了他需要被关注的情感，另一方面也满足了你得到更多拉新的机会。

　　在自己的私域进行裂变需要注意：

　　第一，要注意自己发产品信息的频率以及产品图片、文案是否让所有用户感到舒适。因为一旦产品文案让一部分用户感到不舒适，一些只是因为想要购买产品而加你微信的用户会直接拉黑你。举个例子，有一个广告，一个漂亮的女孩子走夜路发现被跟踪，用了一张卸妆纸巾，结果吓跑了跟踪者。这个广告的问题在于丑化了女性，所以，广告一出，消费者直接抵制。同样的道理，如果你发出的文案或者图片令用户不适，就会被抵制。不仅不会发生裂变，而且直接会退到原点。

　　第二，要注意用户的情绪。就是多关注粉丝的情绪。笔者身边有这样的案例发生：一个朋友刚刚在一家音乐培训机构报了课程，这个培训机构却总是要求朋友把自己的广告转发到朋友圈，但是这位朋友觉得自己也是刚刚报名，并不知道这家培训机构到底教的怎么样，于是迟迟没有发。

　　每次上完课，老师都会旁敲侧击地鼓动朋友转发朋友圈，笔者的朋友就很烦，觉得音乐培训机构的老师不把时间用在如何提升教学上，而是整天让人转发朋友圈。这位朋友不仅没有转发，反而以搬家为由停止了课程学习，并且要求培训机构返还剩余的课时费。

本来想要通过客户裂变，结果把自己的客户都弄丢了，这就得不偿失。所以说，商家在想要粉丝裂变，一定要关注粉丝的情绪。而且对于刚刚加入自己微信群里的新粉丝，要求不要太高，因为，现在工作上老板一句话不中听跳槽都很容易，何况跳个群呢。

第三章

沉淀：自力更生，通过个人IP实现私域流量变现

通过引流吸粉、裂变涨粉，我们可以慢慢积攒自己的私域流量，也可以收割一批流量红利。但是，这就结束了吗？我们最终的目的并不想做一锤子买卖，我们需要打造自己的IP，通过打造自己的IP，让自己成为一束光，让更多流量追光成为我们的私域流量。

3.1 打造个人IP实属大势所趋

随着新媒体的发展，进入了个人IP时代，每个人都有可能成为爆款IP。IP越来越受到人们的关注，商家、自媒体人等运营者应该好好利用"个人IP+私域流量"新模式进行变现。

如何让个人IP具有不可替代性

IP对于任何人来说都具有至关重要的意义，哪怕你是一个职场人。有的人或许会说，我既不经营网店，又不是自媒体人，甚至连创业者都算不上，不过是芸芸众生中的打工人罢了，我需要IP吗？

其实，也是需要的，职场人士走IP路线很利于在职场上的晋升与打拼，你的IP是你的一个招牌，这个招牌将会在行业、领域里面形成一定的力量和范围传播。比如，职场竞争是十分激烈的，很多职场打工人之所以会被辞退，或者不被企业挽留，原因之一就是可替代性太强了。但是，如果依靠专业路线前行打造属于自己的IP，锻炼出精湛的职场技能或者某个垂直领域的专业水准呢？

举个例子，出版行业有成千上万的编辑，每一位编辑都做着相同或相似的工作，大家有差不多的学历，有差不多的工作经验，手里握着差不多的编辑证书。但是，当出版社需要裁员的时候，这些差不多的编辑就面临着同样的问题，担心、忐忑，因为他们知道自己的工作不是不可替代的。

然而，在这群编辑里面，偏偏有一位编辑，早早就把自己的IP打造出来，比如，经过这位编辑编撰的图书往往都是热销书，或者说，这位编辑靠自己的专业和擅长沟通的特点，有非常多的作者资源。那么，这家出版社哪怕裁掉所有编辑，也会将他留住。此外，即便是出版社不会面临裁员问题，但是谁甘于在职场当一辈子的小编辑，总要想着晋升。比起那些差不多的编辑，这位拥有个人IP招牌的编辑，可能就是第一个进入晋升名单的编辑。

这就是IP对于每一个职场人的重要性，如何打造出职场上具有不可替代性的职场人IP呢？大概有七个技巧：

技巧一，想要成为职场上的IP，就需要有影响力和号召力，具有影响力和号召力的职场人，往往是整个企业不容易被替换的角色。

技巧二，能够帮助同事解决职场问题。国内一些职场剧，说实话可能真的对职场人产生不好的影响，一部职场剧演得跟宫斗戏一样，钩心斗角，然后为了凸显自己而不顾整个公司的发展。实际上，真正能够得到尊重和信任的途径，就是帮助同事和公司解决相关问题。

技巧三，做好本职工作。本职工作做不好，再"斜杠"也很难打造出自己不可替代的IP。并且，在工作中要待人真诚、平等，这一点不仅是职场上所需要的，也是作为一个人的优良品德。

技巧四，帮助他人解决困难获得成功，帮助公司创造价值。为公司创造价值的员工是公司最想挽留的员工，如果你在为公司创造价值的同时却被公司所抛弃，那这家公司的管理层肯定有问题。

技巧五，处理好上下级关系，能够合理管理团队。职场中最难的就是处理好上下级关系，跟上级太密切，下级就会出现流言蜚语，跟下级过分融洽，上级又觉得你有异心。因此，人际关系是最难把握的，处得好至少说明职场上你的情商在线。

技巧六，通过各种渠道学习，上下求索，提升自我，把自己打造成为垂直领域更专业的人才。凭借过硬的专业知识让自己在公司里占有一席之地。

技巧七，一如既往，坚持不懈，并且要有意识地让自己出现在行业中，毕竟"酒香不怕巷子深"的时代已经过去了，你想要打造出自己的IP，就要让更多的人了解你。只有如此，你的IP才会给你带来巨大的私域流量，你才能通过所打造的IP实现变现。

其实，说到底就是在职场上建立你个人的影响力，要把你的品牌脱离于公司展现在行业里，让你的个人品牌能够吸引和聚集目标用户。在职场上，你能够受到更多人的信赖，小到你所在公司里的同事，大到在整个行业里的同行，都以你为标杆。只有如此，你才能掌握更多的行业资源和人脉，你才能在行业里产生影响力和拥有话语权。你的发展不再受某一家公司的约束，你的品牌力和影响力可以为你带来更多的机遇，更能提升你的私域流量含金量。

创业者要打造好个人IP

打造自己的个人IP对于创业者，或者对于经营某品牌的管理者来说，同样重要。很多时候，我们发现创业者的个人IP是与其事业或品牌的发展共同进退。举个例子，大家都知道格力董事长兼总裁董明珠，可能正是因为董明珠在各渠道所打造出来的个人IP，让更多的人愿意去购买格力电器，因为董明珠给人的直观感受就是备受信任。而且，董明珠自己直接代言格力产品，一下子就节省了大量的广告费用。

对董明珠创业经历有所了解的女性会因为她的传奇而成为她忠实的粉丝，她的创业经历以及人生经历是非常励志的，很容易引发用户共鸣。比如，之前有一个段子在微信朋友圈流行，说"董明珠和老干妈的创始人陶碧华都是在遭遇了丈夫离世，然后一个人面对抚养孩子的压力时，做出了重要选择"，这个段子被很多女性朋友转发，不管是不是合理得体，但是对于生活在如同鸡肋一般的婚姻里，面对着各种令自己不满的丈夫时，这个段子引起了共鸣。很多女性朋友转发的时候，配上一句"我的丈夫阻止了我的事业发展"。

实际上，就是因为董明珠的传奇故事深入人心，大家充满善意地以此慰藉。在这个段子流行的时候，很多女性朋友也表示，格力电器确实要比其他牌子更好。不管如何，海尔、国美等品牌没有一个像董明珠一样具有IP价值的管理者与之媲美。格力近几年的飞速发展，消费者选择格力，很大程度上也是出于对董明珠的喜爱。

除了董明珠还有小米的雷军，而两个人最著名的交集就是，雷军和董明珠在"中国经济年度人物"颁奖典礼上立下一个"赌局"。在之后的几年里，雷军的小米始终没有赶上董明珠的格力。小米看似失败，实则通过雷军个人 IP 的影响力和号召力，在竞争激烈的手机市场上，小米一步步圈住了国内的年轻人。作为"网红"企业家的雷军，仅在微博渠道，个人就拥有两千多万粉丝。

雷军从来没有为小米做过任何代言，但是在国人消费者心里，雷军却是小米最大的代言人，雷军不遗余力地宣传自己的品牌，并且通过与时俱进的方式。比如，在哔哩哔哩平台上，随意一句"Are you Ok"也被网友们加上了魔性的旋律，制作了一首"神曲"，一度占领网易云音乐的 TOP 榜，点击量接近 2000 万，弹幕（用户留言）接近 15 万条。我们从来没有谈过小米，但是说到雷军自然而然就会想到小米。

通过董明珠和雷军两个创业者的案例，我们可以看出，创业者将自己包装成 IP 后，带来的流量价值是不可估量的，即使你的起点并没有董明珠和雷军那么高，但是，打造个人 IP，通过展示个人形象在价值上占领消费者的心智，让消费者对你的产品产生信任，提升购物体验愉悦感。所以，创业者打造个人 IP 的主要价值包括：

第一，能够让自己与周围的人、用户、粉丝产生联结，让自己直接打动用户，让用户产生信赖感。

第二，个人 IP 具有鲜活度和立体感，不再是距离用户很远的创业者，或者是高高在上的管理者，拉近了与用户之间的关系，提升了亲切感、亲民感。

第三，呈现真实的自己，以真感情去打动用户，通过自己的故事引发用户共鸣。

第四，个人IP用人格化演绎，将会带来更多情感溢价空间。

第五，个人IP能够衍生周边产品，会给创业者带来无形的资产增值。

综上所述，作为创业者应该打造好自己的个人IP，从而推动自己的事业。

打造个人IP的实用技巧

比起职场人、创业者，作为自媒体人更应该打造自己的IP之路。首先，自媒体人大多依靠公域流量积累粉丝，比如从今日头条、百家号、公众号上靠制作出来的原创内容吸引流量。自媒体人是没有实实在在的产品，因此，作为自媒体人更重要的是打造自己的人设，以及作品的设定。其实，这种注重作品领域及打造个人人设的行为就是在打造个人IP。通过打造个人IP，让越来越多的人关注自己、了解自己，并且让自己和用户之间产生信任感，形成信任背书。

只要有信任感存在，才会有商业活动的基础，没有信任感，对于任何人而言，你所推荐的产品都没有吸引力。因为，每一个消费者都有自己的消费逻辑，要么在电商平台自己寻找，要么选择自己信任的人购买。所以，没有信任，就不可能产生品牌价值，缺乏信任，就会与粉丝之间产生间隙和信任危机，一旦信任危机出现，表明这个自媒体人之后所有的作品都会让粉丝产生质疑。因为不信任，最后只能是粉转路，路转黑，被用户直接抵制。

如何打造个人 IP，也是需要技巧的：

技巧一，寻找热点选题。对于自媒体人来说，选题是件费脑的事儿，每天要寻找好的选题，还要写出高质量的内容，的确是一件不容易的事情。对于自媒体人，也面临着一个问题，那就是，自媒体的各大平台对于文章的转载是非常频繁的，带来的好处是，优秀的文章会更加火热，阅读量会更高。然而，转载量也是一把"双刃剑"，过多地被推荐，也会使用户感到审美疲劳。再好看的内容，出现了套路，用户慢慢地就不愿意再点击阅读。

那么，如何找到区别于大众热点又具有热点的选题呢？比如，宝马车故意撞向路人事件，几乎公众号都在谈，谈的角度不一样，就会吸引不同的用户。但是，看过几篇之后，就会发现虽然角度有所不同，但却大同小异，在看到类似主题的文章时，就觉得没必要再看了。所以，自媒体人如果跟热点，一定要及时，如果在黄金 24 小时之内没有跟上热点，就要去找一些其他选题，避免自己跟了热点却没有热度。

找选题，可以关注微博，微博热搜榜一般来说是大家很关注的热点，社会热点、娱乐热点等，还有就是在"微信搜索""搜狗搜索""知乎搜索"上找热点。一个好的选题有利于文章被传播，而连续输出好的内容就极易打造个人 IP。举个例子，在公众号盛行的那几年，××出现之前，大家还比较含蓄，但是，××的文章直言不讳地将现实剖开，通过犀利的文字直戳用户痛点。××靠着文字打造了自己的 IP，当时××公众号的广告位不仅贵而且难抢，一篇文章更是卖出 60 万的价格。××是一个成功的自媒体人，她打造出的个人 IP 让她在短短两年内就拥有了千万级粉丝，而她的个人IP为她创造的价值更是不可估量。

技巧二，基本内容编辑。作为一个自媒体人、最重要的就是会运用文字，找到好的选题，也要能够写出好的文章，写出好的文章也要能够排好版，总之，呈现给用户的要是一个好的选题、一篇有价值的内容以及看起来很舒适的排版。

很多文章在强调排版，实际上，对于自媒体人来说，排版只是一个小问题，排版方面可以用一些编辑器，通过图文等方式，让文章展现出更漂亮的一面。但更重要的是内容，就像我们在餐厅吃饭，最重要的肯定是菜品的味道，其次才是菜品的摆盘是否漂亮。所以，内容更加重要，想要打造自己的IP，对于自媒体人来说，要练出自己的文章风格，举个例子，像王××先生、李××这样的公众号大家都很喜欢，一方面传播正能量，另一方面文章的每一段文字都具有价值，里面金句频出，让人在阅读之后总能得到一些启示、知识。很多公众号也会转载王××先生、李××公众号的文章，即便是转载，阅读量也都达到了"10万+"的水准。

由此可见，这两个公众号的内容就属于高质量、高水准内容，而王××先生和李××实际上就打造了在垂直领域都非常有影响力的个人IP。

这些公众号文章最大的特点就是可读性强，能够写出一个好故事、一篇好文章，是自媒体人打造个人IP的基本要素。

技巧三，积累粉丝基础。现在已经是"得用户者得天下"的时代，只要手里有用户，就不愁没有变现渠道。互联网发展创造了更多的工作岗位，比如自媒体人，优秀的自媒体人通过公众号红利期已经为自己积累了数以万计的粉丝，这些粉丝就是个人IP的衍生产品，也是个人IP最好的代言人。那么，如何让自己积累已久的粉丝参与到自己的内容互动里，如何提升粉丝活跃度，也是有技巧可循的：

第一，增强个人与粉丝之间的互动性，通过有价值的干货分享、红包、抽奖、投票等活动，提升粉丝的交互感，让粉丝觉得自己被关注了。

第二，策划优质活动，引导粉丝参与，就是要策划一些对粉丝来说更加具有"参与感"的活动，不断通过活动提升IP影响力，同时让粉丝更具参与感。

第三，搭建运营团队，我们看很多公众号，一开始都是由个人写文章，然后慢慢地形成了一个工作室，最后由自己工作室的运营团队来负责粉丝管理。对于粉丝动辄上万的个人IP，单单靠自己比较难，就需要正规、专业的运营团队制定相关规定，让粉丝群更加健康地发展，持续坚定地追随。

第四，通过持续输出有价值、有趣的内容吸引粉丝，在内容中灌输分享概念，打动粉丝、触动粉丝、戳中粉丝，让粉丝主动帮助你传播内容。

第五，善于乘势、用势、借势、造势，整合社会资源，将自己的优势扩散到社交媒体，通过借势、造势来给自己的个人IP添砖加瓦。

第六，建设人际关系，对自己的粉丝进行精准的画像，利用新媒体平台直接触达粉丝，加强自己与粉丝之间的关系。

技巧四，打造斜杠标签。自媒体个人的斜杠标签也很重要，"斜杠标签"能够让用户直接将你和其他同类竞争对手区别开，只要用户在想到某个领域时，能够想到你。不过，斜杠身份切忌太多太杂，斜杠身份太杂还不如没有，就好比我们看到名片上七八个名号，都会觉得特别假，而且感觉这个人一定在各领域都不是专业的，涉猎广但无一精。

相反，如果一个自媒体人有一个或两个斜杠标签，比如"职场财经作家/优质职场领域作者"这就容易让粉丝记住，这个自媒体人在职场领域很厉害，并且在财经方面很专业，吸引来的粉丝也都是比较精准的。毕竟，喜欢看情感文章的不会去关注这位作者，但是对财经、职场感兴趣的用户就会成为粉丝。由此可见，简单的一到两个斜杠标签是有利于在目标用户心中留下印象，强化个人 IP 地位的。

这里温馨提示一下，自媒体人在打造个人 IP 的时候，还是要从内容入手，最基本、最根本、最核心的还是要创作出有独特见解、独特视角、独特态度的内容。要知道，自媒体人变现的根本就是内容，所以，任何打造个人 IP 的要素都要基于好的内容，基于有自己风格、有自己特色、能够传播正能量的好内容。

面对用户，如何探索更多人生可能性

如果不是职场人，不是创业者，又不是自媒体人，我还有没有必要打造自己的 IP 呢？其实，还是需要打造自己的 IP，让自己能够有机会探索更多人生的可能性。

其实，不管是谁，只要有一技之长，或者有特殊的才华，都可以通过自己的努力打造一个个人 IP，探索更多人生的可能性，抓住更多的商业机会。以画历史漫画的陈 × 为例，他和他的半小时漫画算是非常成功的，陈 × 当年还没有开始以"二混子"画漫画的时候也只是一个普通人，在张 × × 没有投资他之前，也只是个在职场奋斗的打工人。正是因为他有这一技之长，加上遇到了慧眼识金的张××，才创造了一个历史漫画奇迹。

有一个有趣的段子，就是一个人把陈×出版的漫画书放在一起，有的署名为"陈×"，有的署名为"二混子"。而且，"二混子"这个署名比陈×出现得要早，所以，在图下面有一句话"我是不是买到盗版了，这个陈×是不是抄袭？"

因为陈×和半小时漫画出版的漫画书一开始是以"二混子"署名，之后的系列以"陈×"署名，但是早期的粉丝对"二混子"已经非常熟悉，甚至这个署名下的个人IP十分强大，导致陈×后期用自己的真名出版漫画书都被自己的粉丝质疑。这就说明，个人IP打造成功之后，就是一个非常鲜明且具有影响力的IP。

通过陈×的故事，我们发现虽然我们是芸芸众生中的一员，但是，只要我们具有技能，也可以打造属于自己的个人IP，并且打造成功就会为自己的人生带来更多可能性。

第一，个人IP是和网红有区别的。首先，网红需要每天在网上露个脸，有可能什么技能都没有，比如"×言×语的×老师"，一个"90后"长着一张"50后"的脸，她成为网红大咖不是因为才华横溢，更不是因为具有什么技能，而是她说话的语气以及丑人多作怪的方式。据说在南京出行竟然堵塞交通，一般情况下电视明星也没有这么大的阵势。她只是一个网红。而个人IP是什么？是要具有人格化的IP气质，这种气质不是与生俱来的，而是需要培养的。

技巧一，让自己的风格变得独特，不平凡、不肤浅，不要像"×老师"一样，而是要具有很大的内涵支撑。

技巧二，对自己的IP真诚，也要对粉丝真诚。为什么这么说呢？很多网红在网络上塑造出了甜美可爱的形象，但是，滤镜一去，美颜一关，出现在现场的时候，简直判若两人，网红不仅对自己不真诚，对粉丝更是欺骗。

技巧三，要投其所好，"其"指的是粉丝，比如，粉丝希望你能够成为一个出口成章，腹有诗书气自华的人，那么，你就要拿出时间读书，让自己成为这样的人。

个人IP更像是一个榜样，而不是网红，网红是一种娱乐，大家看着乐一乐就够了。个人IP是一个自身标签，是要通过这份标签吸引粉丝，通过这份标签实现人生可能。俗话说得好，"小胜在于技巧，中胜在于实力，大胜在于人格"。我们所说的打造个人IP，实际上就是打造人格化的气质，让我们变成更好的，自己更向往的状态。

第二，拥有明确的核心价值观。这一点非常重要，我们看一些公众号，不管是王××先生还是李××等，他们发布的文章内容都有明确的核心价值观，而且价值观非常正面，让人能够透过文字感受到正能量。其实，核心价值观也就是内容的定位，或者是作为个人的定位，你能为用户带来什么价值，这非常重要。

举个例子，在今日头条有很多解说电影的自媒体号，有专门讲鬼怪电影的"××说电影"，也有专门给大家规避烂片的"开心××"，这些个人IP的定位就非常清晰，比起什么电影都解说的解说者，他们的追随者、粉丝更加精准而忠诚。还有一个案例就是"叫兽易××"，这是一个典型的普通人成长为知名新锐导演的个人IP，他的个人IP设定非常简单，就是通过影视作品为用户带来欢乐，而且，他按照自己的设定真的做到了。

其实，易××大学毕业之后，只是一个普通的打工人，每天朝九晚五的生活让他感觉无趣，他希望通过自己传递的内容让更多人感到快乐。他一开始只做一些游戏解说和恶搞的短片，就是这样，他的粉丝慢慢积累，在这个压力很大的社会上，不管是谁都希望有一个情绪的宣泄方式，看到易××的视频，不管是在紧张之余的放松，还是在压力之下的逃避，都能够让人感到一种欢乐。紧接着，易××制作了网络剧《万万没想到》，一路下来，易××也靠着自己的个人IP设定，离开朝九晚五的职场，成为一名专职导演。通过个人IP打造，易××实现了自己做影视创作的理想，并且借此获得了成功。

所以，普通人在打造个人IP的过程中，有明确的价值观，按照自己的设定对自己创作的内容或者产品定位。然后，朝着一个方向努力，突出自己的人格魅力，让用户关注自己，让用户认可自己。

第三，生产质量内容。这一点，笔者上文已经说过，如果我们有产品，我们要保证产品的质量，相反，如果我们没有产品，我们要保证内容的质量，文章、图片、视频，不管你通过什么方式，都要切记，要拿出保质保量的内容才能吸引用户，留住用户。

在这里有一个温馨提示，那就是找到自己的一技之长或者特长，比如，善于画画，那就通过绘画来打造自己的个人IP；善于写作，那就通过写文章来打造自己的个人IP；喜欢表演，那就通过拍视频打造自己的个人IP，不管使用哪种方式，都要投入一些精力，并且要保持自己的学习能力。

3.2 把个人IP打造成能变现的IP

我们打造个人IP的最终目的是实现变现，所以，如何打造一个能够变现的IP才是最核心问题。好的故事、好的内容、好的策划都是个人IP打造过程中不可缺少的部分。在互联网时代，可以说十个销售人员也比不上一个好的个人IP所带来的效果。其实，现代消费者在消费逻辑和消费理念上都已经发生改变，更多年轻消费者愿意为自己的情感埋单，更愿意为自己的信任感埋单。

你的个人IP有没有"斜杠"身份

之前我们说到过"斜杠标签"，这一节重点说一下"斜杠"身份。"斜杠青年"的代表是宋徽宗，他的正式职业是皇帝，但是，他的皇帝当得确实一般，然而，在绘画、写字、作诗、制作瓷器方面又有专业人员的素养和技术。所以，对这位皇帝的评价就是，除了皇帝做不好，其他都是垂直领域的顶尖。可惜，宋徽宗一是生错了年代，二是生错了家庭，如果生在互联网年代，宋徽宗有可能就是拥有千万级别粉丝的"大V"。

不过，想要打造"斜杠"身份，实际上也需要明确清晰的定位，不仅要做垂直领域的内容，而且要有更好的创意，我们简单地讲一下。

第一，想要打造个人"斜杠"身份，就要确定个人IP的基本类型。这就要求选好定位，因为个人IP就是把一个人独特的一面放大，吸引更多喜欢这一面的用户。还以宋徽宗为例，如果把宋徽宗的书法放大，就会吸引很多热爱书法的人成为他的粉丝，这时候他的粉丝就是非常精准的一批用户。如果宋徽宗开一些付费的书法课程、出售一些书法所用的纸墨笔砚，销售量一定很好。可是，在宋徽宗决定放大自己书法这一方面的设定时，要清楚地认识到，在未来很长一段时间内，他都要以书法专家的设定为维系粉丝对他的信任与忠诚。这就出现一个问题，运营者在打造个人IP、创作内容时，一开始定位是很容易的，但是如果随意定位，就会发现后面想要维持这一"斜杠"身份的设定会越来越难。

比如，作为一个自媒体人，在写文章的时候，肯定要选择自己最擅长的领域，一个擅长写情感文章的人，非要把自己定位写职场文，最后的结果就是，职场文写不好，吸引不到任何粉丝，自己在创作过程中也会感到越来越累。因此，在选择定位的时候，切忌随心所欲，而是要选择自己擅长的领域去精雕细琢。

这里给大家一个提示：个人IP定位大概分为三种类型：第一种是行业号布局，就是奠定在行业中的地位；第二种是专家号布局，就是让自己打造成为垂直领域专家的地位；第三种是企业号布局，就是奠定企业在行业、领域中的地位。根据这三种类型，自己要清楚最终目的是奠定哪一方面的地位。或是说，要根据自己的优势和特点选择自己最擅长的方式、领域去定位。

第二，确定个人IP的用户定位。就是你的定位还要考虑到你辐射的用户定位。用户定位是至关重要的，首先要做的是了解平台所面对的人群，他们的特点、特性；其次根据用户特性做好自己的定位。在这里一般分为两大类：

第一类，根据属性特性。也就是我们所说的性别、年龄、居住地。如果一个平台上绝大多数是女性用户，那么你在打造个人IP的时候，在创作内容的时候要倾向于女性用户的特点，比如更感性、更关注美妆、亲子、情感类的内容。

第二类，根据行为特性。这一点就是说平台所面对的用户，是更喜欢户外还是更喜欢宅在家里。比如，一个游戏解说平台，这里面的用户是手游用户比较多还是电脑端游戏用户比较多，根据不同的特性，选择自己要解说的游戏类别。

这一点说到底就是四个字——投其所好。

在了解了用户特性的基础上，我们通过三个步骤进行用户定位：

第一步，数据收集。根据新媒体后台的一些数据分析功能来分析用户的属性和行为特征，比如性别、年龄段、收入、地域等，了解了这一基本情况，才能在打造个人IP的时候，有更加准确的方向。

第二步，用户标签。和给自己贴标签一样，你要把用户的喜好标出来，比如，某个平台的用户女性居多，她们的关注点在美妆、情感，所以，对于这个平台用户的标签就更容易做出来。有了用户标签，就知道自己之后创作的内容应该注意贴上哪些标签才更容易吸引平台用户。

第三步，用户画像。这一点也至关重要。一个主要以女性用户为主的平台，要将这些女性用户的共同特征标记出来，然后根据不同年龄段的女性再细分，最后画出她们的画像。比如，二十岁左右的女性更关注职场、情感和彩妆；三十岁左右的女性更关注亲子关系、婴幼儿用品、夫妻关系；四十岁左右的女性更关注护肤品、青少年心理等内容。画好用户画像，才能在内容里植入更多合理的用户偏好的关键词，给自己的内容带来更大的流量，从而促进个人 IP 的发展和壮大。

第三，打造个人 IP 的"斜杠"身份，需要注意的是，这个身份是用来满足用户喜好。比如，你的用户喜欢冷知识，冷知识就是一些用不到但非常有趣的知识，这时候，你要把自己的"斜杠"身份定位在总是能够发掘、传递冷知识的达人。

下面是一些打造个人 IP "斜杠"身份的技巧：

技巧一，培养多种兴趣，从自身入手挖掘更多长处。

技巧二，学会深耕细耘自己擅长的专业领域，让自己变得更加强大。

技巧三，把娱乐的时间用来学习知识，磨炼自己的专业技能。

技巧四，不断地深思和反思，要挖掘出自己更多的潜能。

技巧五，不仅要学习知识，更要学会分享知识，通过分享知识，结识更多人脉资源，通过分享知识，吸引更多和你志趣相投的用户群体。

如何通过内容营销快速实现个人圈粉

对于打造个人 IP 来说，最重要的就是快速实现个人圈粉，可能有人不理解，为什么要快速圈粉？我们打造个人 IP 的最终目的是什么？是打造自己的私域流量，然后通过私域流量来完成内容、产品等变现。

但是，我们通过什么运营方式来实现个人圈粉呢？具体介绍两点：一是通过内容营销快速实现个人圈粉，二是通过事件营销快速实现个人圈粉。

先说第一点，通过内容营销快速实现个人圈粉。

内容营销指的是依靠一些有内容的事物，比如图文、视频、漫画等来传播个人IP文化和价值卖点，以此来吸引粉丝的注意力，从而达到引流私域流量的目的。内容营销有一个优势，就是可以通过很多公域流量引流，如微博、微信公众号、今日头条、百家号、企业官网等，在这些公域流量平台上，只需要有好的内容，就能够引爆IP。

举个例子，有一些公众号是垂直领域非常强，比如"约稿投稿平台"这样的公众号，每天都会推送很多约稿信息，并且约稿信息都是经过平台检验，不仅在公众号内推荐，而且通过微信小程序，想要投稿的用户还可以在小程序直接选择征稿方投递稿件。

不仅有投稿信息，还有很多相关的干货，比如如何写好标题、如何提升过高率、如何通过文字实现副业月薪过万等，这些内容，一方面激励用户，一方面给出很多写作技巧，让用户能够切实地学习写稿的技巧。

因此，这个公众号吸引了很多想要给自己找一份副业，想要打造写稿"斜杠"身份的用户。这些用户有一个特点，就是对平台产生信任之后，对平台推出的付费课程也非常信任，因此，付费课程卖得很好。

类似这样的垂直领域内做得很好的公众号有很多，都是一步步走过来，粉丝也是一点点积累起来，通过强大的IP，吸引粉丝，提升了自己的影响力。值得注意的是，内容营销是利用内容吸引用户关注，所以，内容极为重要，做好个人IP的内容营销，也是有基本要求的：

要求一，内容要有时效性。这很容易理解，就是过期的内容不可取，过期的饮料不能喝，过期的食品不能吃，过期的内容也没有人关注。

要求二，热点性。跟随热点是为了吸引用户，热点内容才会有更多的用户去关注、去阅读，实际上追热点是打造内容的一个必要因素。

要求三，即时性。即时性和时效性差不多，要给得及时，如果在热点出现24小时之后发出来，就很容易得到更多关注，而且能够展现出自己对流行事物的敏锐度。

要求四，持续性。内容产生是需要持续的，不要三天打鱼两天晒网，因为在内容时代，太多的文章、视频出现，就像之前看采访李××的采访，全年365天，他一年开了380场直播，每天不敢休息，因为只要他停播一次，粉丝们就会去关注别家，停播三次，就会损失上百个粉丝。

要求五，方案型。这就要求有营销战略，不要随心所欲，要有规划、有目的地打造。

要求六，实战型。没有实践就很难出真知，至少没有实践很难展现自己的真实感受，如果没有真情实感，就很难戳动用户。

内容营销是打造个人IP的绝佳方式，因为内容营销的模式更加全面，更容易引爆流量，从而让粉丝的忠诚度、黏度更强，有利于吸引粉丝为你埋单。但是，有一点要注意，就是运营者在平时要积累知识、充实自我，提升自己的能力，因为内容营销最终还是一个长期过程。

举个例子，十几年前伊××把自己的人设定位为"才女"，本来这个人设也没什么,但是直到有一次采访,她将"李清照"说成是"清朝"人,人设一下就崩塌了。之后引来全网热嘲。这一点告诉我们,人设打造是非常重要的,在后期要做好知识积累,不然人设一旦崩塌,通过IP人设圈来的粉丝就会一下子粉转路。

接下来说第二点,通过事件营销快速实现个人圈粉。

事件营销就是借助一定有价值的事件,结合个人IP的"斜杠"身份特点进行宣传、推广,从而达到私域流量池变现目的的一种营销手段。如何找到事件,还是要去微博话题榜、抖音热搜榜、今日头条热点频道等寻找,而且找到的事件一定要与你所打造的"斜杠"身份有关。

比如,事件营销要遵循重要性、趣味性、接近性、针对性、主动性、保密性、可引导性等特性。但是,需要注意的是,与政治相关的事件不要触碰,一些负能量的事件不要跟,因为跟随这些事件,一是会被封号,二是会引来平台用户的抵制。

举个例子,记得几年前,一个小偷偷了一辆SUV,但是,令他没有想到的是,车上还有一个不足一岁的婴儿,最后的结局是悲惨的,可怜的婴儿被丢在隆冬腊月的雪地里,最终被冻死了。车虽然找到了,但是悲剧也发生了。这次事件之后,有一家汽车制造商利用此事件发了文案,本来是想通过事件营销让自己火爆起来,但最后,火爆也算是达到目的了,全网都对这个品牌发表抵制言论,并且这个汽车制造商被主流媒体公开点名训斥,这就说明有些事件一定要规避。

在事件营销中要注意以下几个问题:

第一,观点要理性,不要盲目跟风,别觉得大家都做,你也去做,比如前阵子的漫画腰，有些女明星就因为跟风而被网嘲。

第二，符合新闻法规，控制好风险，这一点是必须要注意的，就像有些事件不能跟，不仅仅是法规法律的问题，也牵涉道德问题。

第三，事件一定要与个人IP定位相关联，没有关联的就是给他人做嫁衣，没有意义。

第四，能够引起媒体关注和评论，事件营销最重要的就是让自己曝光在媒体前，通过曝光引来更多用户的关注。

第五，事件营销不是一次就可以，而是要不断地去尝试，在尝试中找到最适合自己的方式和渠道。

如何通过个人IP卖产品、卖影响力

打造个人IP的目的是通过个人IP卖产品、卖影响力。但是，个人IP的产品打造实际上是有自己的特点的，那就是强调生态，并且需要更大的产品矩阵来实现。简单地说，想要通过自己的个人IP带货，要具有带货的能力，要具有带货的平台。

第一，要选择一个更适合的平台。对于自媒体人来说，做一个产品，必须真正在某一个领域做到非常专业，才能够成为爆款。就像你所做出来的内容往往是别人可能去模仿、复制都不可能复制到精髓的内容。其实，也就是强调了原创性的重要。我们举一个例子，就是"罗辑思维"，很多人都觉得罗××的"罗辑思维"就是贩卖焦虑，但不得不说，罗××真的将贩卖焦虑做成了一门无人超越的生意。而罗××自己也通过"罗辑思维"成为一个强大的个人IP，我们来看看，罗××只是一个自媒体人时，每天发布60秒的语音，通过语音吸引了用户关注，通过"罗辑思维"这个单一的产品，最终吸引了上百万粉丝。

由此可见，真的爆款不在于数量，而在于质量，"罗辑思维"有清晰的品牌定位，有产品形态的延伸，有优质的内容，以及多种多样的互动形式。罗××通过"罗辑思维"的60秒语音，获得了强大的影响力，为自己带来了不可估量的财富：

2012年"罗辑思维"开播；

2013年推出付费会员制，上线首日售罄，半天入账160万元；

2013年10月"罗辑思维"招募会员，一天内招募2万会员，入账800万元；

2015年10月"罗辑思维"完成B轮融资，估值13.2亿元人民币。

这些数据让我们看到了罗××个人IP给他所带来的财富，同样，也看到了个人IP的巨大能量。

第二，布局产品矩阵。从自媒体人成长为个人IP之后，就可以把渠道、产品拓宽，实际上是拓宽变现渠道，不再仅仅依靠单一产品。还是以罗××为例，罗××依靠单一产品"罗辑思维"实现了变现，拥有了庞大的私域流量池，毕竟在一天时间内就能招募2万会员，而且是大家争着想成为会员，也就是说，只要罗××放开会员渠道，可能付费会员会达到20万、200万。拥有了强大的私域流量池之后，罗××也开始了产品矩阵布局。

"得到"的付费产品矩阵已经成型，包括听书频道、订阅专栏以及其他免费产品，通过机构化产品组合结合阶梯型扩品增类的方式，扩大了所面对用户的规模。现在"得到"的服务已经细分为五大学院，商学院、人文社科学院、科学学院、能力学院、视野学院，这五大学院真的囊括了文科、理科所有科目。通过五大学院，让更多用户能够在"得到"实现自主教育、跨界认知和终身学习。

但是在这些产品中，也分为重度产品、中度产品以及轻度产品。

重度产品是订阅专栏，整个专栏是付费专栏，主要是线下演讲以及年度专栏订阅，这一重度产品实际上是"得到"的核心业务，体现的是知识变现的力量，其中每一个课程都有着不同的价格，用户根据自己所需购买课程。

中度产品就是听说频道，主打"每天听本书"的小课题，吸引新用户，费用也不贵，大概每天只需消费几块钱就能让自己学到知识，这里面会有很多知名媒体人通过音频内容的方式来解读著名书籍。很多人没时间看书，而这类拆书、听书能够让人在短时间内了解到一本书的内容，深受年轻人追捧。

轻度产品就是"得到"的免费产品，这类产品主要吸引流量，然后培养用户，通过优质内容留住新用户，并且让新用户最终忠于平台成为付费用户。轻度产品大多时间比较短，非常利于传播、引流。

由罗××的成功，我们不难得出一个结论，那就是单一产品达到一定高度时，是需要产品矩阵的。而且，个人IP影响力的变现力度是不可估量的，但是，一定要有真实存在的实力、良好的口碑为自己背书。

3.3 个人IP更需要稳扎稳打地运营

大家都希望有足够的时间和钱,做自己想做的事情,在移动互联网时代,只要你有足够的私域流量,你就可以通过个人IP的运营来实现这个梦想,这就是我们说的财富自由。比如,上一节举例中的罗××和他的"得到",通过个人IP拥有上万名付费会员,这些付费会员的信任感和忠诚度要高于一般用户。

如何更好地完成内容的生产和分发

想要打造更具有影响力的IP,首先要有明确的自身内容定位、用户需求和产品调性。只有明确了这三点,接下来才能进行内容的生产和分发,为IP热度蓄积实力。个人IP想要提升流量、吸引用户关注、提升用户的留存率,根本就在于内容。这几节笔者一直在强调"内容",优质的原创内容是打造个人IP的核心,优质的内容能够助力个人IP提升流量、吸引用户关注、提升用户留存率,同样,也是让个人IP获取用户信任、认可的根本。

内容的展现方式是非常多样的,文字、图片、图文、语音、视频、漫画等形式都可以，只要内容精彩，不管采用哪种形式都能获得用户青睐。

所以，内容的生产和分发是一切运营的基础，如果想要自己的内容脱颖而出，就必须打造符合用户需求的内容，做好的内容营销，吸引用户阅读，从而带来更多流量和商机。

举个例子，有人觉得李××好像一下子就红了起来，实际上李××的走红并不是偶然，也不是突然，而是一直以来的积累，算是厚积薄发。李××的视频之所以有趣，并不是因为她长得有特点，而是她的稿子风趣幽默，令人捧腹的句子频频出现，比如"宇宙的尽头是铁岭"。

一个会创作段子的能手，你很难拒绝她。所以，李××的个人IP是非常强大的，北大毕业的东北姑娘，即便长相不出众，也挡不住粉丝们对她的喜爱。她原创的内容都是能够被用户主动传播分享的，所以，看似突然就红起来的李××，靠的就是优质内容。

现在是一个内容创业爆棚的时代，好的内容都会获得更好的营销收益。比如，现在很多知名公众号征稿的稿费都非常高，有的稿费甚至达到千元一篇或者千元千字，由此可以看出，好的内容实际上能获得的收益是非常大的。

好的内容极大地带动了个人IP和粉丝之间的良性互动，提升了粉丝的满意度，同时，因为连续不断输出好的内容，会让粉丝对个人IP产生极强的信任度。

我们都知道优质内容是打造爆款的关键所在，但是如何生产优质内容呢？肯定不是一拍脑门或者随意一写。之前一个年轻姑娘曾跟笔者说在今日头条上写文章都没人看，太难了。继续询问才得知，这个姑娘平时既不看书也不阅读，对于写作这件事，她只是在上大学之前写过作文，甚至大学之后都没有进行过写作类的训练。这就属于空手套白狼，即便在公域流量的平台上，没有好的内容，就无法吸引粉丝，也没办法在公域流量池捞一些流量。

所以，更好地完成内容的生产和分发，实际上是将自己的 ID 打造成为 IP 的关键所在。

活动运营中怎样才能让活动更具影响力

除了写出优质内容，还可以通过活动运营提升自己的个人 IP，活动运营的最终目的是通过活动借势提升自己的影响力。但是，这里需要注意，活动运营的活动是要经过策划、规划的，要能达到预期效果，达到广泛深入传播个人 IP 的目的。

第一，活动运营需要造势。举办活动是为了引起用户的高度关注，引起用户的注意，以及用户的好奇心和参与感，所以，要带给用户意外之喜，在给用户带来惊喜之余，要为个人 IP 制造声势。

第二，提升用户参与感。活动不是一场自我大秀，需要粉丝参与其中，并且与粉丝形成良性互动，让粉丝产生主权感，有一种自己是主人翁的意识，只有这样的意识，才能让用户觉得自己并不是外人，从而增加用户对你的黏性。

第三，用户激励。做活动的目的是要提升自己的个人 IP，但是，如果活动没有人积极参与，活跃度不够就很难达到预期效果，所以，要想办法让活动过程更具趣味性，给用户带来更多优惠，让用户心甘情愿地参与进来。比如，采用"积分制"或者直接物质激励的方式，来反馈参加活动的用户，降低用户在活动中的倦怠感，提升活动的活跃度，让用户对你始终保持着"激情"，有利于提升用户的忠诚度。

运营活动看似成本很高，其实不是，只要是有意义的活动就可以，比如一些正在打造个人IP的运营者，会举行有奖评论活动，在运营者的一篇新创作的文章下面，评论区前三名都有奖励，或者评论区点赞数量最高的前三个评论就会得到奖励等。这样的小活动并不复杂，而且成本也不过是一件小礼品，但是却会让用户积极参与进来。

当用户愿意参与活动的时候，至少表明用户是一直关注运营者，这样的小活动可以有计划地进行。而对于一些有实力的运营者，也可以举办一些比较大的活动，或者是线下的见面会等，总之，活动运营不在大小，而在于如何让用户更积极地参与，以及活动的影响力是否达到预期效果。

如何通过电商运营直接完成变现

如何通过电商运营直接完成变现是很多人关注的问题。我们打造个人IP的目的就是实现内容、产品变现。上节我们论述了"罗辑思维"，其实很多人也知道，"得到"APP为了更好地实现变现，在天猫平台上开了一家"罗辑思维旗舰店"，这个旗舰店主要是卖书、好物、各种指示服务产品。也就是说，一方面通过私域流量实现了产品本身的变现，另一方面，通过电商平台拓展了变现产品的种类。坦白说，如果是"罗辑思维"的粉丝，去"罗辑思维旗舰店"买书的概率要大于普通消费者，所以，说到底还是通过私域流量实现了在电商平台的进一步变现。

作为一个正在打造个人IP的运营者，可以为自己定一个可实现的核心目标，通过拉新、留存、促活等用户运营方式来分解目标，比如：

第一，拉新运营。对于很多商家来说，拉新是一件令人头疼的事情，拉新越来越难，但是对于拥有私域流量的运营者而言，拉新相对比较容易。运营者可以通过互联网、新媒体或者线下渠道来拓展产品用户，让私域流量能够以老带新，从而达到拉新的目的。

第二，留存运营。实际上就是留住新客户，把新客户培养成为老客户，在这里需要做到提升新客户试用产品或服务的比例和频次，让新客户慢慢转变成老客户，只有成为老客户，才真正达到了留存的目的。

第三，促活。所谓促活，就是通过提供有价值的产品或者物质激励，让用户保持活跃度，避免用户的流失，让留存用户为你带来更多的价值。

以上三点就是在电商运营中需要做到的。我们都知道，现在消费者的消费习惯不太好琢磨，很多消费者买了一次产品之后就不会再买了，这是很多电商运营遇到的问题。所以，打造个人IP最重要的就是，因为你的个人IP摆在那里，你的专业性、专业度摆在那里，会让用户提起相关垂直领域产品，首先想到你，购买产品的时候也会优先选择看起来更加专业的你，以及会进行复购。

举个例子，很多家长都在乎亲子关系，在乎如何培养好孩子，也希望能够买到相关书籍，在家长们去天猫平台挑选相关书籍时，比起去罗××"罗辑思维"的店里买相关书籍，家长们更愿意去尹××老师的店里买相关书籍。因为，相比罗××，尹××才是亲子、育儿领域的专家。而个人IP的重要性也在此体现，需要什么样的服务或者想要购买什么样的产品，最终会找到相关垂直领域相对来说更专业的人，通过购买他们的产品，或者遵循他们的推荐去购买。

需要提醒的是，在电商运营过程中，物质激励是要远远高于精神激励的，就好像说小孩子考了满分，父母送给他一件礼物对他的鼓励要远远高于口头表扬。所以，作为运营者不要因为精神激励机制所消耗的成本少而总是选择精神激励，因为，精神激励就好像一碗鸡汤，用户喝一两碗鸡汤还可以，喝多了，用户也会不开心。

说到底，你希望通过用户变现，你希望用户给你带来更多的价值，就不要吝啬给用户一些好处，留住用户，才能创造更多价值。

怎样通过数据运营实现运营的持续优化

运营者必须掌握的技能之一就是要学会看懂运营数据，这对于个人IP运营也是至关重要的。数据运营不仅能够验证过往运营的效果，还有助于运营者更好地优化运营方案，数据运营包括用户数据、产品数据、内容数据。也就是说，作为运营者至少要能看懂三组数据，并且能够在看得懂数据的前提下，学会分析数据，再通过自己对数据的分析，给自己之前的运营模式、运营效果作出一个精准的总结，同时，根据运营数据开展下面的运营。

第一，看懂用户数据很重要，因为我们做运营最终的结果就是希望拥有越来越多的用户。而且现在的平台后台都可以直接看到用户数据，比如，5月份你的新增用户有多少，你的取关人数有多少，每一天的阅读量有多少，这些数据通过曲线方式呈现在你的面前。

例如，5月10日的阅读量明显低，这时候你就需要对比一下这一天你发的内容是什么，为什么会出现最低点；5月19日取消关注的用户比较多，你也要翻到前面看一下，这一天你做了什么，让用户直接取关。同样的道理，5月5日阅读量是最高的，同时，新增用户也是最高的，这说明这一天你发的内容很好，你需要弄清楚，在你的用户群体中，什么样的内容是他们最喜欢的，什么样的内容是他们愿意主动分享传播的。根据这些详细的数据，你就能够准确地做出内容调整。

同理，比如你是一个商家，通过平台用户详细的数据，你会发现平台用户城市分布，如您的产品三分之一销往了天津，则说明在天津市你的产品更受用户喜爱；同样，购买你产品的用户以女性居多，以二十五岁到三十岁年龄段居多，这些数据不仅是一个总结，更是接下来运营行为的一个重要参考数据。

第二，看得懂内容数据。其实，上文例子中看阅读量的数据，实际上就是内容数据。比如，你在今日头条或者百家号发表了文章，5月3日的文章，推荐量是5000次，但是阅读量只有300次；同样，5月6日的文章，推荐量只有200次，但是阅读量却达到700次，这些数据在告诉你，哪些内容是平台愿意推荐的内容，哪些内容是用户喜爱阅读的内容。

运营者基于个人IP账号发布的内容，了解账号的现状，分析前段时间的内容运营经验和成果，对自己的内容进行总结。并且根据内容数据，对接下来要发布的内容进行整改。在内容数据面前，一定要清楚，只有更高推荐量的内容才有更广范围的受众，才能够提升用户阅读量，但这并不是唯一。

因为，真正让受众喜爱的内容，他们会主动转发、分享，推荐量或许不高，但并不代表阅读量不高。所以，在做内容数据分析的时候，要全方面考虑，最终通过对数据的分析理解，让自己的内容具有更高的阅读量、评论量、涨粉量、收藏量以及转发量。

第三，产品数据。其实产品数据和内容数据也是大同小异，产品数据主要分析产品的展现量、点击量、收藏量、转化率等。分析产品数据实际上也是为了提升产品的转化率，但是，通过数据的分析可以对产品进行一些迭代、替换等。比如，同款卡通杯，粉色卖的就要比绿色的好，在数据上，粉色卡通杯的转换率非常高，绿色卡通杯的点击率都不高，所以，可以通过厂家把绿色卡通杯换成粉色，或者把绿色卡通杯作为优惠活动、促销活动款，通过促销的方式提升绿色卡通杯的销售。

总之，应该按照数据分析、问题诊断来优化产品结构，让自己店铺的产品更迎合用户喜好。通过产品数据分析，帮助自己提升产品引流和转化效果，提升产品点击率和转换率。

第四章

引流：内容引流，打通朋友圈的任督二脉

微信已经成为微商、网红、自媒体人和个人IP经营私域流量的主战场，朋友圈是最有力的宣传渠道，通过熟人圈子销售产品，通过彼此之间的信任以及产品的真实性销售，从而实现变现。朋友圈已经成为私域流量变现的重要阵地。想要打通自己的朋友圈也是有技巧可循的。朋友圈毕竟也算是私人阵地，如果言论不当，你可能就会被拉黑或者删除，因此，在最佳阵地也不能掉以轻心。

4.1 朋友圈需要设计

随着微信用户的规模越来越大，微信朋友圈的营销也越来越突出，大家意识到微信具有一个巨大的流量池，并且微信才是自己积累私域流量的最佳阵地，于是，依靠微信打造个人 IP 成为刚性需求。

但是，朋友圈毕竟是一个社交领域，想要通过朋友圈实现私域流量、引流涨粉、促进成交，还是有一定难度的。有一个现象也很有趣，那就是朋友圈里营销的人越来越多，可以说一个朋友圈简直等同于一个商业集散地。大家都在朋友圈营销，都在指望着朋友圈卖货，好在同行竞争没那么大，毕竟大家做的都是不同的生意，卖面膜、卖衣服、买奢侈品、卖茶酒……让你觉得自己的朋友圈商品也算得上琳琅满目。

大家都想要在朋友圈营销，靠着微信蓄流量池，这时候，你是否能够打动微信通讯录里的朋友们？你是否能够打动同样在你的朋友圈营销其他商品的生意同行？这就非常重要了。

在朋友圈营销最大的危机就是被拉黑、被删除、被屏蔽，有的人觉得自己的微信好友那么多，随随便便自己就能通过营销卖货变现。可是，在发了一阵子朋友圈之后，意外发现，自己可能被屏蔽、被拉黑、被删除了。

如何利用朋友圈实现私域流量变现，又不被朋友圈的朋友们屏蔽、拉黑，实际上也是有技巧的。至少，你要学会设计朋友圈。

怎样通过一个名字就把运营者变成网红

作为一名运营者，如何起名字很重要。名字一定要得体且有特色。对于普通人而言，随便起个自己喜欢的名字就可以，但是，如果你想通过微信运营来实现私域流量变现，名字必须斟酌再三。

现在微信的网名五花八门，运营者该如何起好微信名呢？很多运营者会选择把自己的名字+自己所售商品的品牌/公司名称等，例如，如果卖得力文具，就会写上"张某-得力"或者"得力-张某"；再如教育机构，"红霞舞蹈张老师"或者"张老师-红霞舞蹈"，这样的确能够让朋友圈的朋友把微信号和认识的你对上号，并且清楚你出售的产品品牌。

但是，微信名字还是要有一定的识别度，最好符合容易记忆和容易传播两点要求。实际上，给微信起名字也不是一件容易的事情，比如，在起名字的时候：

突出产品重点和产品效果。不过这样的名字比较难起，因为产品重点和产品效果不是一两个字就能说清楚的，导致名字太长反而不容易记。

简单好记、独特化的名字。这样的名字让朋友圈的朋友看上几遍就能记住，但很难融入产品相关信息。

巧妙嵌入广告。这一点和第一点突出产品信息一样，难在把广告放入，名字的字数本身就很多，更难让用户记住，而且广告嵌入进去的商业目的很强，可能一看到名字，你就被屏蔽了。

微信名字切忌恶俗，要在传递正能量的前提下被关注，如果是恶俗的、传递负能量的名字，基本上就会直接被删除，谁都不希望自己的朋友圈里有一个三观不正的朋友。

微信起名字有几点需要注意：

第一，不要把微信名字起得一个汉字都没有，别人主动跟你打招呼都不知道怎么称呼你；

第二，用繁体字和负能量的字眼，这让人觉得你要么非常难相处，要么三观不正，不用看朋友圈内容直接拉黑；

第三，不要觉得自己在名字前面加一个"A"就能被特别关注，你要知道，你在别人的微信里，别人可以重新备注你的名字，而且加"A"的行为真的非常令人反感；

第四，名字太长没重点，就好比非要加入一些产品效果或者产品广告，不仅让人烦，还让人记不住。

简单好记的名字很重要，如果能够用自己真实名字的一部分很容易让对方增加信任度。比如，你的本名叫"李强"，你可以把自己的微信名起成"李某某"，在别人跟你打招呼的时候也好直接称呼你，在彼此自我介绍的时候，你的微信名竟然采用了真名字的姓氏，让人觉得你这个人第一比较真诚、真实，第二肯定人品不错，不然怎么敢直接以真实姓氏命名，第三就是让对方有一种亲切感，对方会因为你向他展现出了真正的姓氏在心理上产生信任。

在这里温馨提示，虽说很多人都喜欢用广告和用品牌作为名字，但有一点，现在朋友圈的朋友们大都十分抵制，看到广告就会本能地排斥。虽说微信朋友圈是建立在信任的基础上的，但是，这份信任也不是一下子就升华出来的，也需要时间的磨砺，长期的积累。并且在这里多说一句，哪怕我们是运营者，也一定要注意分寸，老话说得好"偷鸡不成蚀把米"，指的就是急功近利之后，极有可能成也微信，败也微信。

换一个头像是否能增加好友信任感

名字至关重要，头像其实也非常重要。笔者之前看过一些文章，说用什么样的头像就代表着什么样的心理，下面跟大家分享一下：

用生活照做头像：说明微信本人对自己的接纳度非常高，不过，一般的生活照也是在滤镜和美颜下的生活照。

用证件照做头像：这几乎是没有的，如果有，说明这个人中规中矩。

用艺术照做头像：这表明微信本人有较强的自我中心倾向，说白了就是不太容易打交道。

用童年照做头像：这表明微信本人对目前的生活是不如意的，这个人比较感性，并且觉得童年是美好的，喜欢追忆。

用家人照片做头像：一般使用孩子或者爱人的照片，说明这个人很爱家人，同时也有很强的依赖性。

用卡通图片做头像：这一点分很多种，比如用自己喜欢的卡通人物形象做头像、用自己原创的卡通形象做头像，所表达的意义是不同的，但是总体来说，用卡通图片做头像的人，思维比较开阔，也有童趣。

不用头像：不用头像的人比较少，一般来说大家都会设置一个头像，不用头像要么是性格粗犷，要么就是懒。

当然，这些文章里面关于使用头像的解说也未必正确，有时候只是一个表现，但是对于运营者，一个想要打造个人IP的微信用户来说，在选择头像上还是需要注意以下几点：

第一，打造个人 IP 最好用自己的头像，但尽量不要用美颜五级以上的图片，也不要用看起来邋遢、不修边幅的图片，而是尽量选一张规规矩矩的工作照，把自己美好的形象展现出来，而且一定要保证照片的真实性，不要过分修图，毕竟你要展现出来的自己要具有真实性、真诚度。

第二，本地化店铺。这个容易理解，如果有线下店铺直接拍照作为头像，很简单，但是也比较容易让朋友产生信任感。

第三，用自己所出售的产品的图片。比如你是出售茶叶的，拍一张非常漂亮的茶叶的图片，或者是茶具的图片，直接展现出来。这里需要注意的是，有的人因为售卖产品由某个明星代言，所以就用明星的头像作为照片，其实并不好，甚至可能会被斥责侵权之类。不过，可以用明星手持产品的宣传照做头像。

第四，用企业品牌、产品品牌的 LOGO 当作头像。这样做的好处就是，别人一看就知道你所出售的产品，但劣势就是对于反感朋友圈营销的朋友来说，可能会直接屏蔽你。

总之，在选择头像的时候，一定要突出自己的真诚，同时要突出真实感。毕竟，私域流量变现的核心是人与人之间的关系，无论是微信名字，还是微信头像，一定要建立在拉近彼此关系，产生彼此信任的基础上。所以，用自己的照片做头像，相对来说更加真实、可信。

什么样的个性签名最适合展现

名字、头像确定之后，就要思考个性签名。实际上，有一些人是会忽略个性签名的，但是，也有一部分人会注意到，作为运营者，即便有1%的被关注度，也要做好100%的准备。个性签名其实更有空间展现自己想要说的话，提炼出自己的观点，或者传递自己的理念等。设置个性签名时，应注意以下三点：

第一，个性签名的目的是展示自己的个性特点。

第二，个性签名的用途是拉近自己与微信朋友的距离。

第三，个性签名的特点是具有很强的个人风格。

这里要注意，个人的风格、个人的个性特点，不是无所顾忌的，而是要以自己想打造的个人IP的设定来设置个人签名。

个性签名有点像是一张名片，这张名片是需要有文字介绍的，介绍的内容可以关于你自己，也可以关于产品。不过，一般来说，个性签名如果过分强调产品、品牌、广告等，实际上是不能引起对方的兴趣的。如果在添加你的时候，看到你的个性签名，可能直接放弃添加。那么，要怎样设置个性签名才能吸引用户添加你或者通过你的添加呢？

首先，传达真诚。能够通过个性签名了解你，比如，在个性签名里写上一句实实在在的感触，要比写上一段鸡汤更容易给人好感。

其次，三观正确。一般来说，个性签名最怕的就是三观不正的文字，你对某件事物的态度反映了你的三观，如果个性签名三观正确且具有正能量，会给对方带来好感，让他认同你。

最后，传递情绪。个性签名也是传递自己的情绪，我们知道个性签名可以把自己的喜怒哀乐传递出去，但是，作为一个个人IP打造者，作为一个私域流量运营者，你的情绪不能随便地展现在个性签名里。

在笔者的朋友圈，有一位年轻的女性作者，她在知乎上拥有十几万粉丝，也出版过几本励志书籍，她发的每一条朋友圈信息都是积极向上、热情洋溢，正能量满棚的。她的生活里也有七零八碎的烦心事，但她在打造个人 IP 上是一个积极的人生体验者，所以，她所有的状态传递出来的是乐观、积极、向上、愉悦。

作为她朋友圈中的一员，我觉得这是她打造出来的情绪，但是，也不免会被她打造出来的情绪所渲染，很喜欢给她点个赞。在压力很大的现代社会，在所有人基本上都会头顶乌云的时代，需要一束光，哪怕我们知道这只是一束刻意打来的光，还是忍不住想要用目光追随。

由此可见，个性签名无论写些什么，一定要展现出自己对人生、对未来积极的态度，以及自己对未来的期待。

要不要利用背景墙展示品牌形象

朋友圈的背景墙封面要不要打上自己的广告？

答案是肯定的。

朋友圈的背景墙封面是在点开朋友相册的时候就能够看到的，朋友圈背景墙表现出四个特点：

特点一，入口深，要点进朋友的相册才能看到，一般人不会点进朋友的相册，只有想要深刻了解你或者想要找一些你之前发过的内容的朋友才会点击你的相册，相册背景墙他也会注意到。

特点二，个性化。朋友圈背景墙不是一张图片用一辈子，可以隔三岔五更换一些，但是内容上要保持一样的风格、调性，即便是产品广告、店铺广告，也要换一换，展现自己的个性。

特点三，这是一个直接且不打扰别人的广告位。第一条说了，只有对你有特别感兴趣或者想要找一下之前你所发内容的朋友才会点击相册看到背景墙，这些朋友既然能够想到进入相册，就说明他对你、对你的产品还具有一定的好奇、兴趣，想要了解更多。

特点四，朋友圈的封面要安静很多，不用打扰朋友，不会出现刷屏。这里讲一句题外话，刷屏行为还是要慎重。一天发一两条，大家看到之后感兴趣的会关注，不感兴趣的也不会屏蔽，因为一两条对他来说不会造成干扰。但是刷屏就不一样了，即便是感兴趣的，在被刷屏之后也会直接屏蔽。背景墙的优势在于，不刷屏却永远存在。

接下来我们说一下如何利用背景墙。首先，背景墙的尺寸很大，能够放一些清晰大图以及文字内容，能够充分展示我们的个性、特色、产品，可以完美布局；其次，背景墙的图片在设置上还是要以吸引用户目光为主，比如设置的颜色不要过于暗淡，图案不要过分复杂、杂乱，要让用户产生非常舒适的观感；最后，文字方面，虽然背景墙能够写很多文字，但是，文字太长也会让人厌烦，因此，提炼重点即可。

为什么说地址信息是免费的广告位

发朋友圈的时候，有一个特别的"所在位置"功能，可能有人觉得这个功能意义不大，实际上对于运营者来说，这是一个免费的广告位。

利用微信中自定义位置的功能就能成功设置，具体操作方法如下：

第一步，编辑一条"朋友圈"信息，然后点击"所在位置"按钮。

第二步，进入"所在位置"界面，点击"搜索附近位置"按钮。

第三步，在搜索框输入一个地理位置进行搜索，在弹出的搜索结果中点击"没有找到你的位置，建立新的位置"按钮。

第四步，执行操作之后，就会弹出"创建位置"界面，然后填写地点、品牌、宣传语等。此外，在这里面还可以填写电话号码等信息，方便用户直接联络你。

第五步，当设置成功后，点击"完成"按钮，发送这条朋友圈信息之后，会发现下面所呈现出来的就是你想展现的地址、品牌等信息。

不过，现在很少人通过"所在位置"设置自己的品牌和地址，可能也觉得即便设置似乎也不会引起太多关注。但是，作为运营者不要抓大放小，而是要大的小的一起抓，还是那句话，有1%的可能，我们就要实施100%的操作。

4.2　好文案激发用户下单

把微信名字、头像以及相关细节都设置好，就要开始最重要的环节——写文案。怎么在微信朋友圈把货卖了，主要是靠文案，文案既要引起用户的兴趣，又要激发用户下单的欲望，所以，微信文案是一个自始至终贯穿私域流量变现的重大问题。

文案的好坏，决定着私域流量的打造是否成功，决定着是否能够实现变现。这一节，笔者主要介绍朋友圈文案的写作技巧，帮助运营者写出更好、更吸引人、更优质的文案。

在朋友圈发文必须掌握 4 种技巧

文字的力量是非常强大的，尤其是在朋友圈进行营销推广，文案是必不可少的。如何写好文案，实际上也是有技巧可循的：

技巧一，找到消费者的痛点。不只是朋友圈的文案，就是写文案、写软文，戳用户痛点是一个基本操作。什么叫作用户痛点呢？就是让用户能感觉到痛，感觉到焦虑被挖出来了，比如，如果你的产品是面对女性消费群体的面膜类产品，你在文案方面应该有哪些侧重呢？

首先，你要了解女性消费群体最关注的就是自己的容颜，害怕脸上起皱纹、害怕脸上长斑、害怕因为干燥皮肤显得非常粗糙、害怕因为年龄的增长自己的脸也跟着慢慢衰老，这是任何一个女性都会面临的焦虑。抓住这些女性最焦虑的点，戳进去，就是戳到了她们的痛点。

只有找到了痛点，才能提出解决痛点的方法，这个方法就是使用你所出售的面膜、护肤类产品，但是，这时候，朋友圈的女性用户就会真的因为你的文案而下单。她们下单的原因是希望能够解决自己的焦虑，只要你的文案写到她们心里去，她们会为了试一试而下单。只要第一单达成，接下来复购就只是时间问题。

所以，找到消费者痛点，才能够有序地往下发展，如果找不到消费者的痛点，你的文案再华丽，用户也没有任何想要下单的意愿，如果痛点找得不到位，也只能是"隔靴搔痒"，意义不大。

上面说了我们要找到消费者的痛点，或者说我们要找到精准用户群体的痛点，但是如何找呢？就比如上文中关于女性关注的点有很多，哪个才是最致命的痛点呢？

晒伤、长斑、粗糙、衰老都是女性群体最担心、最焦虑的问题，但是，其中肯定有一点是每一个女性都有的痛点，哪一个？

答案是衰老。

因为你所面对的女性消费者年龄和肤质是不同的，但唯一相同的就是她们都会随着时间慢慢变老，也就是说，不管是二十多岁向三十岁看齐，还是三十多岁奔向四十岁，甚至是四十多岁靠近五十岁，女人都担心自己变老。

所以，衰老是女性焦虑的问题，女性必然面临的统一痛点。而你的文案要突出，你的产品能够抗衰老，就是让肌肤一直保持年轻态，这样对于女性消费者来说就极具吸引力。

所以，找痛点要注意两点：

第一，知己知彼，了解自家的产品以及了解对手的产品或者服务，这有利于在文案中体现自己产品的优点。

第二，了解消费者需求，充分解读消费者心理，懂得消费者的所想所需，同时能够挖掘出消费者的核心焦虑。

不过需要注意的是，挖掘痛点是一个长期过程，需要不断地观察朋友圈的精准用户群体，她们的特点，只有挖掘到细节，让自己感同身受，真正了解消费者的所需所求，写出的文案才能够戳痛消费者的痛点。

技巧二，在朋友圈的文案，重要的信息放在最前面。因为，在微信圈营销的文案，用户不点开"全文"，看到的只有三到六句话，所以，重点信息一定要开篇就写。不要洋洋洒洒写很多，但是重点都在"全文"里，如果别人不点击，这些内容就相当于白写。

第一句话、第二句话一定要引起用户的兴趣，通过"开门见山"的写法，把重点写出来的同时，也要写得吸引人。第一句写好了，一来能够让用户一下就读到重点，二来能够引起用户兴趣，愿意点击"全文"继续阅读。

在朋友圈发一篇文章也是同样的道理：首先，要有一个足以吸引人的标题；其次，第一段要写得非常吸引人，让用户保持耐心读下去；最后，整篇内容要对用户有意义，比如，把用户的痛点和焦虑展现出来，同时写出了缓解痛点和焦虑的方法，这个方法就是引导用户购买产品。

技巧三，文案配图要有美感。在文案下面，最好配有图片，因为图片会让用户停下来看一看，图片要比文字更适合这个速度时代，图片也比文字更能让用户了解你的产品，但是发多少张、怎么发还是要掌握一定技巧。比如，发一张、四张、六张、九张，展现出来会比较好看，但是发两张、五张相对来说就有点为难强迫症患者，总想给你补上一张，实际上就是展现出来的样式不那么赏心悦目。

发图片也要注意，不要横幅一张竖幅一张，尽量选择尺寸一样的图片，看起来色调、格调一致或是有巨大差异感，这一点没有非常确切的标准，唯一的标准就是发出去的图文，你自己看的时候觉得舒服、好看，能够真正吸引用户。

技巧四，转载公众号文章扩大产品营销力度。第一，自己开一个公众号，专门写一些产品相关的文章然后转发到朋友圈；第二，转发产品厂商公众号发的与产品相关的文章。这两种转发，第一种效果更好一点，因为更加掌握主动权，并且文章的形式等自己可以把控。

比如，在一些科普性文章中穿插一些好物推荐类的营销文章，当然也可以通过故事、社会热点观点文章等，最后与产品进行联结，偶尔还可以在公众号文章里面加入一些小活动，以促进公众号的关注量和用户的参与度。

总之，在朋友圈写文案、转发文章一定要遵循技巧。尤其是发文案，一定要走心，尽量减少套路。要知道，公域流量衰退的原因之一就是太多套路已经被消费者"戳穿"，并且被消费者屏蔽了。

5种方式打造朋友圈文案

刚才笔者介绍了发朋友圈文案的技巧，现在介绍方式，好的方法事半功倍，错误的方法事倍功半，这存在非常大的差异，如何写好文案，提升产品的销量？如何通过"晓之以理，动之以情"的情感冲击来打动你的用户，从而与用户产生共鸣，让用户为自己的情绪、为自己的感动下单？笔者主要介绍5种朋友圈文案的打造方法：

第一种方法：图文结合。一是以文案的方式，直接在朋友圈图文发送；二是通过图文结合的文章转发在朋友圈。其实，在微信朋友圈可以有多种形式，比如纯文字、纯图片、图文结合、视频，但是对于大多数用户来说图文结合的方式更好，阅读起来更便捷，能够迅速掌握商家的重点，而且图文结合更省时间，前面重点文字一看，后面图片一了解，既不像看纯文字一样费劲，也不像看视频一样费流量。

所以说，在朋友圈进行文案营销，最好选择图文结合的方式，图文结合的文案比起其他方式更加醒目、更加吸引人、更能将产品的信息融入进去，无论是对运营者还是对于用户来说，都是最佳的方式。

第二种方法：利用九宫格。这里的九宫格不是指随随便便找九张图放进去，做一个九宫格图，而是通过九张图更好展现出产品的优势。下面是九宫格强化思维的步骤：

第一步，准备好一张白纸；

第二步，用直尺在白纸上画出九个方格；

第三步，在中间的格子上填写产品的名称；

第四步，在其他八个格子里填上产品的众多优点；

第五步，在八个格子里相对应地填上你所认为的用户痛点；

第六步，经过推敲，选定一个你认为的用户痛点，以及相对应的产品优点。

举个例子，你是卖面膜的商家，面膜的功能可能有10个，但是，真正吸引消费者的功能可能只有几个，比如补水、祛斑、美白等，你可以根据朋友圈女性用户群体的特点，选择真正能够戳中她们的痛点，然后联系痛点，找到面膜对朋友圈的女性用户来说最具吸引力的优势。

把这个优势当作重点突出，围绕这一突出优势进行文案写作。

第三种方法：全面介绍。在撰写文案的时候，不仅要把产品的优势写出来，还要全面地、多角度地介绍产品，从各个方面打消消费者的顾虑，能够让用户对产品有个综合了解：

角度一：产品相关的证明文件、鉴定报告等。它们能够从专业角度诠释产品，让用户更安心、更放心。

角度二：产品的送货方式和邮寄规则，让用户在购买的时候心里对运费作出预算，如果是免费配送也要讲清楚，总之，让用户感觉很舒服。

角度三：产品的价格以及优惠政策。这点用户一定会问的，提前说一下优惠政策会让用户觉得你很坦诚，从而增强对你的信任度。

角度四：产品的付款方式。这里要注意，尽量选择微信付款，彼此是在微信上产生交易，所以为了方便用户可以给出直接付款的选择项，当然，也可以通过支付宝等付款，多给用户一个选择，但是不要给太多选择。

角度五：专家对产品的赞赏以及评价。写出来的目的还是提升产品优势，这一点会让用户产生一种对产品的信赖感。

以上是最基本的五个角度，一定要把这五个角度囊括进去，当然，如果还有一些其他介绍也要加进去，只是说，现在列出来的五个角度中，角度一到角度四尤为重要，无论什么产品都一定要展现出来。

第四种方法：售后服务承诺。微信朋友圈做的是熟人生意，所以售后服务一定要跟上，后期也会有越来越多的陌生客户添加运营者微信，成为微信好友。为了能够打消用户的顾虑，获得买家的信任，一定要进行零风险承诺以及完善售后服务。只有提升买家的购物体验，让买家心满意足，才能为运营者带来复购机会。

第五种方法：及时回复。作为微信运营者一定要及时回复用户信息，因为用户会在购买前和购买后对你的产品进行询问，购买后的询问叫作售后服务，购买前的询问一定要做好及时回复。你回复得越及时，你考虑得越详细，用户对你的产品就越放心，他想要购买的欲望就越强烈。

5大技巧吸引陌生人的关注

虽然微信朋友圈被称为朋友圈，但是对于大多数人来说，朋友圈的人未必都是认识的朋友，或许是有过一面之缘的人，或许是因为某个活动扫二维码添加的陌生人等，所以，朋友圈里并非对你非常熟悉的好友、亲戚、同事、同学，如何引起他们对你的信任和好感，如何打造良好的朋友圈氛围显得非常重要。

在这里要说一下，如果刷屏不当，营销过分的话，即便是你的亲戚朋友，都有可能屏蔽你，虽然他们不会直接拉黑你，但是"不看你的朋友圈"那是肯定的。对于连朋友都算不上的朋友圈用户来说，真的是一言不合直接拉黑删除，所以，打造良好的朋友圈营销氛围，建立自己与朋友圈用户的信任关系，赢得微信朋友的好感，需要掌握一定技巧：

技巧一，注意自己的形象。我们不是说形象一定要帅气、甜美，但必须让人觉得舒适。高颜值的确是一把利器，能够第一时间得到对方的认同。如果运营者真的有高颜值自然无须低调，如果只是长相平平的普通人，尽量不要过分造假，你用美颜十级自拍出来的照片虽然很美，但很不真实。朋友圈发照片，还是要遵循真实感，毕竟作为一个运营者，一个商家，你平常的行为会影响用户对你的定义。

很多运营者认为多发一些个人照片等会吸引人，实际上并非如此，你自我感觉良好的自拍照在别人眼中可能有一百种解读。不要只发营销、广告照片，可以发日常生活等照片，但前提是有技巧地发。比如，如果你的形象很普通，又不想修图，那就发一下你去旅游的地方或者其他物景。我们可以有自拍，但是要注意数量，发自拍的时候可以不时尚、不漂亮，但一定让人感觉到你的自然、善良以及得体。

技巧二，表现出自己的高品位。这里的高品位不是说吃饭就要米其林餐厅，住酒店就要五星级，而是说，在平时能够展现出自己不俗的一种格调。比如，自己在家做条鱼，做盘西红柿炒鸡蛋，但是拍出来的照片让人看着赏心悦目，并且有一种美感，这就是格调。源于生活又高于生活是很多人向往的生活，因此把自己的朋友圈打造出这样的氛围。

说到底还是在发图上下功夫，不要随随便便拍一张就发，而是每一张都倾注自己的情感和功夫。我们尽量不要修图，毕竟认识你的人会觉得你太虚伪，而不认识你的人当被你修过的自拍图吸引后再认识你，信任度会骤减。但是，一盘西红柿炒鸡蛋，给它修得漂亮点，没有人会觉得不好，甚至会觉得你是一个懂生活、细致又具有美感的人，如果你出售的商品正好也需要这些特质，比如卖服装、卖饰品等，那么用户就会觉得你的产品具有格调、品位、美感。

技巧三，展示学识渊博。我们无须做全科渊博的人，毕竟我们也没有时间精力去学习物理化，但是，我们可以做垂直领域知识渊博的人。比如，如果你是卖旗袍的商家，那么，你可以花时间学习与旗袍相关的知识，比如旗袍的起源、旗袍上每一个盘扣的含义、不同时期旗袍的特点，总之，这类书籍特别多，至少要看三五本做好最基础的知识储存。想要展现渊博，还需要更多的知识储备。

你发到朋友圈的内容，不仅展现自己的努力、自己的专业，也能给别人带来知识。给用户带来知识，实际上就是给用户带来价值。用户喜欢给自己带来价值的内容，哪怕只是一段话，对他有作用，他就会对你产生信赖。

当然这一点需要运营者真正去学习，不能买几本书摆拍一下做样子，要掌握相关的知识。尤其是传统文化类的产品，每一个产品都蕴含着非常多的知识，你了解之后再去分享，至少会让你的形象变得更专业，你所说的话也更有分量。

技巧四，体现个人情怀。一个运营者每天只发广告，再熟悉你的人估计都要拉黑你，所以，我们发朋友圈内容还是要保持多样，这里的多样不是杂乱无章，而是要跟写散文一样，形散意不散，我们发的所有内容实际上就是在营销，不是在营销产品，就是在营销个人 IP。

现在，很多人都喜欢怀旧。一个"80 后"的运营者，在朋友圈放一首怀旧的歌曲，展示一件 20 世纪 90 年代流行的衣服款式，秀出一个八九十年代最盛行的玩具，往往都会有同龄人在下面点赞评论。原来，大家都有相同的回忆，一瓶北冰洋、一个铁皮青蛙、一个家家都有的床单……这样的一个物件，往往会收获更多的点赞、关注和评论。

怀旧的文案、图片也会吸引朋友圈用户对你的好感，拉近你们之间的距离。分享生活中的点点滴滴，偶尔文艺，偶尔怀旧，但是，无论怎样的一种形式，最终落脚还是在你的产品上，却并不让人反感。发朋友圈最重要的还是要引起用户与你互动，所以，朋友圈内容切忌太单一，要从各方面吸引不同的用户对你的进一步关注和了解。

技巧五，有上进心。在朋友圈发的内容一定要让人感受到积极向上，有上进心。谁都不喜欢自己的朋友圈总是有人发牢骚、发负能量的内容，看一下恨不得就把他给屏蔽了，甚至删除了。对于三观不同的人，更会毫不犹豫地将其删除。

笔者朋友圈里面有一个女孩，说实话添加她可能就是因为一次活动，甚至想不起她的相貌。当时她是一个自媒体人，正在积极打造自己的个人IP，即便如此，也不让人反感，因为她每天都会坚持发一句激励自己的话，以及自己前期准备之后获得了不错成绩的信息，让人感觉到她积极向上的态度，会为她的成功而开心，也会被她乐观的精神所感染。

让用户感受到你个人的热情与温暖，不仅能够激励朋友圈的用户，还能提高用户对你的评价和看法，吸引人们的关注，让朋友圈的用户更加信任你，因为喜欢你的态度从而支持你的事业。这就是我们发朋友圈的最终目的，让朋友圈的用户越来越喜欢你，越来越信任你，那么，作为运营者，你就能依靠用户源源不断的信任和喜欢，最终实现变现。

想用文案占领朋友圈需要4种技巧

在朋友圈做营销，我们要合理地抓住用户刷朋友圈的时间，这样才能在关键时刻发布信息在朋友圈做营销，也要合理地运用时间，不是说什么时候发都是一样的效果，而且不同时间段要发不同的内容。具体如下：

第一个时间段：7:00~9:00。

这个时间段大概是很多人在赶往上班的路上，在地铁上、公交车上、私家车上，只要不是挤得掏不出手机，或者开车，都会看一下微信朋友圈，这一时间段最适合发的内容就是正能量。

说实话，哪个成年人喜欢上班，谁不喜欢躺平宅在家，但是不上班就没有钱，没有钱就没办法过日子，所以，早晨大家都喜欢看正能量的内容。能够隔着屏幕自己给自己鼓劲，一大清早喝一碗鸡汤，也挺提精神。

这时候，就发一些正能量的内容，一张精美的早安图，图上配一句写给所有人看的励志又向上的话，这样的内容一般都会被关注到。

第二个时间段：12:30~13:00。

这段时间基本上属于吃午饭的时间，忙碌了一上午，中午像是中场休息，此时微信应该发一些有趣、搞笑、轻松的内容，缓解一下一上午的工作所带来的紧张、压力、无趣以及各种不如意。

现在职场人吃中午饭之前都会刷一下朋友圈，看看自己有没有错过各种热点新闻。这时候，一个有趣的段子、一张GIF图片等就能引起用户的关注。

第三个时间段：17:30~19:30。

这个时间段是下班时间以及在路上的时间，当然对于北上广深这样的城市可以再后延半个小时，比如下午6:00~8:00。一般来说，很多一线城市的职场人还在回家的路上，这时候，他们会拿起手机刷一下。

当一个人十分疲惫的时候，会想要消费，比如，在路上，某个职场女性觉得自己可能因为每天坐在电脑桌前，身材又胖了，就想减肥，减肥还想选择不用运动的方式。如果恰巧你是卖减肥代餐等产品的商家，这时候把广告文案做得深入她心，就会引起她的注意。

第四个时间段：20:30~22:30。

这个时间人们大多准备洗洗睡了，在沙发上躺着，在床上躺着，在椅子上葛优躺着，总之就是一种自我放松的状态。这时候朋友圈应该发一些情感类的内容，或者是怀旧类的内容。因为，这一时间段不是在加班，就是在感慨，情感类的特别容易在这一时刻与用户产生共鸣。此时发一些情感类的文字，能够打动微信朋友圈的用户，甚至能够与他们隔着屏幕产生共情，让他们在之后的日子里会更加关注你的动态。

4.3 海量导流火爆朋友圈

利用微信圈打造私域流量池，首先要保证自己的微信里面拥有足够多的用户才可以，因为一个微信号的通讯录上线是5000人，但是一般人的微信号里面只有1000人左右，由此可见，做运营是远远不够的。

想要增加自己的曝光率，就要扩充自己的微信朋友圈，笔者之前说过，让老用户带新用户，实现拉新。然而，除此之外，我们应该利用一切可以引流、导流的平台为自己添加更多用户，帮助自己快速获取大量粉丝，火爆朋友圈。

实体门店引流有什么诀窍

实体门店如何引流？有实体门店的老板可以运用微信渠道引流，因为实体门店是固定不变的，所以老板一定要让进店的顾客添加自己的微信，无论顾客是否在店里购买商品，但是一定要有好的说辞和优惠活动等吸引顾客主动扫码添加微信。而且实体店有三个好处：

第一个好处，顾客走进店里，是面对面的交流，能够第一时间消除客户的防备心理，在互相认识有一面之交的前提下添加微信，彼此更加信任。

第二个好处，质量看得见。实体店里的产品都摆在那里，顾客能够看到实际物品，因此对产品会产生更进一步的信任度。

第三个好处，直接引流。顾客来到店里直接加微信，每一位进店的顾客都可能成为私域流量的一分子，因此，线下实体店引流的成功率非常高。

很多时候，顾客只是进店里转一下，如何让毫无消费意愿的客户添加微信呢？

方法一：关注微信送礼品。在店里面准备一些小礼品，这些礼品一定要让顾客眼前一亮，而不是看一眼转身就走。顾客只要添加微信就送礼品，另外，让顾客进群送礼品，这一点就是成本略高。

方法二：添加微信或者进微信群能够享受优惠活动。比如，卖水果的店里，只要加微信就能享受某种水果八折优惠等，总之，就是引导用户添加微信或者进入微信群。一般而言，优惠活动要比直接送礼物好，对商家来说不必准备太多礼物，对于顾客来说全价商品和优惠的八折商品比较，觉得自己占了很大的便宜，情绪上更愉悦。

方法三：主动打招呼和顾客攀谈。就是拿出时间和正在看商品的顾客聊天，这一点，遇到气场相似、话语投机的顾客是一个好办法，但是遇到不希望自己购物被打扰或者话少的客户，可能会适得其反，所以一定要因人行事。

方法四：主动添加微信。顾客进来，作为老板主动添加微信，一般措辞就是，"每天都会推出优惠商品，加我的微信，能够享受优惠""加我微信，朋友圈第一时间参加活动，咱们店活动力度都不小"，一般来说这些措辞更吸引人。

通常顾客并不会因为进店而愿意加微信，但是，顾客愿意为了获得更优惠的折扣而关注微信。比如，在笔者所居住的地方有一家唯品会线下店，顾客购物之后，店员会推荐进入唯品会线下群，而且入群立减5元。其实，买了一千元钱的商品，优惠5元也不算上什么力度，但是，消费者会觉得，反正是进群，而且店员也会说一般新品、一折商品都会在群里首发，这样一来，入群可能不只是减5元，而是能够在第一时间抢购到折扣力度最大的商品。基本上，在结账的时候，大家都会扫码入群。

只要优惠活动足以吸引进店的顾客，扫码加微信的成功率就非常高。

如何通过活动引流

没有线下店的运营者如何引流呢？方法很多，我们先来说第一种，通过活动引流。

之前说过营销靠活动，其实，在平时的公众号文章里只单纯植入广告，无论是关注度还是阅读量都是很低的，运营者想要吸引更多的粉丝，以公众号为平台进行活动推广是一个好办法。

进入微信公众平台，运营者可以通过发起投票活动来吸引粉丝参与，但要注意，单纯的投票活动对于用户来说是没有任何参与价值的，只有投票之后获取一些优惠，才能让用户踊跃参与。

具体操作如下：

第一步，进入公众平台管理界面，点击左侧"功能"下方的"投票管理"按钮。在做这一步之前一定要有一个自己的公众号，不然这种引流方式基本上形同虚设。

第二步，进入"投票管理"页面，点击"新建投票"按钮。这里注意一下投票的选择项，如果真的不想投入成本去做优惠，那么就要把投票选项写得能够引起用户主动投票。

第三步，执行操作后，运营者只要在该页面按照要求填写相关的活动内容即可。还是强调一下，填写的内容要么具有趣味性，要么能够激起用户痛点，要么直接剖析出用户的焦虑，总之，什么样的选项能够引发用户的主动投票行为，就写什么样的选项，当然还要在符合法规法律的前提下。

温馨提示：在编辑投票内容的时候，还有一些基础事项要注意：

第一，选项不能为空，选项不能超过35个字。

第二，投票最多设置10个问题，每个问题最多设置30个选项，一般情况下就够用了。

第三，投票截止时间只能是当前时间之后的半年之内，一般来说不会把时间延长到半年，一周之内就可以。

第四，投票内容一旦删除，投票数据无法恢复，并且图文消息中不可查看，这一点要注意，切勿因手快把投票内容删了，毕竟投票内容也是非常重要的数据。

第五，投票图片要设置为像素 300×300 的，格式为 png、jpg、gif 都可以，但是大小一定在 1M 之内，否则传不上去。

第六，投票将统计该投票在各个渠道的综合结果，比如群发消息、自动回复等，所以，相对来说，这个投票活动只要投票选项有趣，还是会有用户参与的。

线上可以通过投票活动引流，那么没有实体店的老板是否也能通过线下活动引流呢？当然，接下来我们就说一下在没有实体店的情况下，如何进行线下活动引流。

这里举几个没有线下实体店还能进行线下引流的例子。实际上线下引流包括以下四个场地，但又不局限于这四个场地：

场地一，俱乐部活动。有很多线下俱乐部活动，比如，运动类的就有骑车、攀岩等，与此差不多的还有一些免费的体验课程，比如茶艺课、制作陶器的课程等，这些课程和俱乐部活动有的是免费的，有的需要买一场入场券，但是成本都不会太高，却能够扩大社交圈子。并且参与和产品相关的俱乐部活动、茶艺活动、免费课程活动很容易找到精准用户。因为圈子比较精准，用户自然也是比较精准的群体。

场地二，大型社会活动。大型社会活动基本上以免费居多，只要去参与即可。比如，社区的活动，参加的都是一个社区的居民，这样一来，你就会加上很多和你生活在同一社区的居民，彼此之间的距离更近。但是，有一点就是他们中可能有一半用户并非你的精准用户，但没有关系，如果你和他们关系很好，他们也会主动帮你分享转发产品。这类大型活动的特点就是免费、人数居多。

场地三，旅游活动。这个场地相对来说就是成本比较高，如果你做的是旅游相关的产品或服务还是值得一试的。比如在知乎上有一篇文章，一个旅行社的旅游策划在自己报的旅游团遇到了几个阿姨，她们对于旅行团的规划非常不满，这时候，这位旅游策划就提出了自己的建议，阿姨们也很高兴，然后加了他的微信。本来他没有觉得这是一门生意，一位阿姨在加了他的微信之后，发现他是做旅游的，于是，几位阿姨就请他给做旅游规划，总之，这不经意地添加微信，给他带来二十万元的年收入。

如果是其他产品也可以，毕竟大家在旅行过程中相互认识，相处时间比较长，还有利于彼此深入沟通，并且大家来自不同的城市，有利于你的产品跨地区、跨地域，带来无限可能。

场地四，聚会活动。一般聚会都是认识的人，或者是被熟人带进聚会，这个时候会加一些微信，但是并不是以营销为目的。简单来说，如果是同学聚会、家庭聚会，可能引流效果不是很好，毕竟大家都是熟人，都在你的朋友圈里。但如果是某个圈子的聚会，你能接触到更多的陌生人，互加微信，因为也存在一面之缘，所以发展成为客户的可能性会更大。

不过，在线下活动引流的选择中，还是要选取具有以下特点的活动：

第一，交友互动性强的，比如聚餐、聚会等，甚至相亲会都能成为你发展引流的好场所。

第二，与产品匹配的，比如产品折扣优惠活动，或者垂直领域的活动，能够认识到志同道合的用户，并且添加微信成为好友，从而把精准用户揽入自己的微信朋友圈。

第三，符合自己的特长的，比如绘画、摄影等，让更多人通过你的特长对你产生兴趣，加了微信，日后好交流。

第四，多数人喜欢的和热爱的，比如旅游活动、读书活动等，大家都有相同的爱好，所以，聊起天来也比较容易产生亲近感，相对来说互加微信的成功率高。

如何运用技巧通过新媒体平台引流

说到线上引流，就一定要依托今日头条、抖音这类公域流量巨大的自媒体平台。今日头条和抖音能够帮助运营者扩大自身影响力，增加产品的曝光度和关注度，只要把自媒体运营好，这里面不仅有今日头条、抖音，还包括百家号、企鹅号、快手等。如何运营好，是要从多个模块上下功夫的，笔者这里提醒大家，私域流量的打造从来不是一蹴而就的事情，往往是一个长期积累的过程。

笔者以今日头条为例：

第一，在今日头条上发布内容有多种方式选择，文字、图文、图片、视频、图集等，甚至是趣味测试，几乎囊括了所有的内容展现形式，只要你有好的内容，任何形式都可以展现在今日头条。

第二，内容管理上要注意一点，就是你的内容应尽可能做到原创，然后手动更新、修改、置顶、分享到自己的微头条里。总而言之，你把内容创作出来之后，要积极地关注它的走向，关注它的阅读量，然后主动地把这篇内容转发到微头条等其他渠道，增加曝光度。

第三，评论管理，笔者发现很多今日头条里面点击量很高的内容，评论也很高，有一些运营者只管把内容写得特别好，但是评论一概不顾，这样做不对。虽然我们不需要把每一条评论都兼顾，但是对于其中一些你觉得应该回复的评论回复，做到与用户的互动、推荐，你的回复可能会让用户直接点击"关注"，你就是在汪洋大海的公域流量里面圈到了一个属于你的私域流量。

第四，用户分析，通过在今日头条后台的数据，你要做出分析，同样，通过评论你也要做出分析，分析喜欢你的文章、转发你文章的用户，到底有着怎样的特点，根据他们的特点、迎合他们的喜好，推荐他们需要的产品。所以用户分析实际上就是给用户画像。

第五，订阅用户，通过订阅你的用户对他们进行分析，做出更精准的画像。

如今，很多个人 IP 都开通了今日头条传播自己的品牌理念，对于用户来说，能够更好地获得体验，对于运营者来说，通过今日头条这个公域流量池能够引流到更多用户。

今日头条有一点就是好的内容会一次次地推荐，有时候我们刷今日头条能刷到几个月前的文章，这一点对于运营者的好处就是，如果内容足够好，就会持续出现在用户面前。

和今日头条一样的新媒体平台，比如简书、百家号等也有各自的特点。比如，简书可以在登录后把自己的微信号或者公众号填进简介，直接让简书的订阅用户加自己的微信进行沟通；搜狐可以用广告栏推广自己的微信号，还可以添加广告链接；发在百家号的文章内容很容易通过百度搜索引擎搜索到，能够提升运营者发表内容的阅读量，对优化 SEO 也起着至关重要的作用。

怎样利用电商平台引流

线上引流可以通过电商平台引流，比如淘宝、京东、当当、拼多多等。但是在电商平台引流还是要掌握一些技巧的，比如，不能在展现产品的页面直接写上微信号或者其他与平台相互冲撞的信息。一般来说，在电商平台引流大多通过评论进行。因为现在的消费者很聪明，不仅看商家怎么说，而是更关注买家怎么说，所以，大家看一件商品必然会看对于这件商品的评论。

作为商家，如果消费者在你的线上店铺购买了某款产品，然后，消费者把自己使用产品的心得写了下来，这里要注意，不要担心正常范围内的差评。之前看很多店铺特别怕有差评，哪怕不属于差评范畴，只是没有好评，就会翻脸，这样的商家最后都会为自己的行为付出代价。除了个别买家，大部分买家还是会正常发表评论，他们提出的建议或者意见是中肯的，如果一个商家全部是好评，说实话，也不会有其他消费者敢去购买，因为商品本身存在问题不可避免，同一批商品还允许有残次品存在，所以，评论区展现出来的是真实感。

举个例子：小文在一个商家购买的产品没有什么大碍，只是有一点小瑕疵，小文就在评论里拍照发评论，这时候商家如果虚心接纳并且给予回复，那么这家店铺在小文心里的位置肯定就不一样。她觉得自己作为消费者被重视了，虽然产品有一点瑕疵，但没关系，网上购物除了购物本身，人们更关注的是体验。很多时候，一些不影响我们使用的小瑕疵，因为店家的态度特别好,我们就会觉得"小事一桩",下次可能还会再买。在淘宝上同款商品千万家,但是店家的态度却不一样,很多人网购,到最后就是花钱买一个体验服务的过程。

所以,商家通过电商平台引流一定要注意评论,能回复就回复,回复的时候写一些例如"谢谢你的好评,如果加店小二微信,会享受更多优惠""我们会努力改进,加店小二微信,第一时间掌握新品、折扣品"等,就是在引导用户。

另外,作为运营者,你并不是在自己家店铺下面的评论里出现,而是在别人家,比如在一些流量非常大的店铺产品的评论里出现。比如在当当网,你不需要购物也可以评论:

第一步,在当当网中打开相关图书链接,单击右侧的"我要写评论"按钮。

第二步,弹出评论页面,在"短评"页面中输入相应的评论内容,并写上微信号,吸粉引流;单击下方的"发表"按钮。

流程很简单,但是效果并不是特别好,除非你的评论特别有价值。通过这样的评论加你微信的概率比较低。毕竟,现在大家都知道,随随便便加别人微信隐患太多。

由此可见,利用电商平台引流,如果有一个自己的店铺更容易做到。

其他引流方法和渠道

新媒体、电商平台都介绍了,那么还有没有其他引流方式?当然有,比如微博"@"功能引流、百度引流等,接下来笔者就大概地说一下。

第一，利用微博"@"功能引流。这个功能很强大，而且主动权在运营者自己手里，比如，在发的微博内容后面或者前面直接@知名博主的微博、知名媒体的微博、名人的微博等，如果这些人回复你，那么也会为你的微博带来一大批粉丝。但是，如果你的内容并不吸引这些你所@的对象，那也起不到什么作用。

尤其是营销文案，如果不是足够有趣、有价值，很难得到大V们的回复。不过在微博里，可以通过自己的好内容吸引属于自己的粉丝，然后，通过分享微信号等方式，让微博粉丝成为自己的微信用户。通过这点引流还是比较踏实、妥当的。

第二，百度引流。说到百度，就知道肯定不是一个方法，因为百度旗下产品太多了，而每一个产品几乎都具有引流的功能。而且百度作为众所周知的搜索引擎平台，它本身具有的优势是无可估量的。百度旗下六款平台的引流方法如下：

第一个，百度百科。在百度上搜索某个关键字，排在首页的一定是来自百度百科的一个词条。这时候，你是否发现，要在百度百科上建立自己的词条。这样就有利于传播自己的品牌，吸引关注自己的用户。而且，百度百科引流具有四个特点：成本低、转化率高、质量高、具有权威性。

当一些用户知道了你的产品、品牌时，可能第一时间就会在百度上搜索你的产品、品牌。举个例子，如果是卖香云纱这样传统布料的商家，对于大多数人来说，香云纱似乎是一个比较陌生的词汇，当用户得知你卖香云纱，他的第一个反应是查一下什么是香云纱。

在百度页面上输入香云纱，在了解香云纱的同时，还能看到你所经营的香云纱品牌在百度百科上的词条，虽然，这个用户不认识你，但是他已经对你的产品建立起基本的信任。

第二个，百度知道。百度知道是一个分享提问答案的平台，和百度知道相竞争的就是知乎。百度知道的引流方法要比知乎强，因为百度知道相对于知乎的软文营销更具有真实感。百度知道引流的特点就是用户转化率高、没有链接真实感强、用户信任度高。

我们在看百度知道的时候，主观上就会觉得这是在为自己答疑，而不是营销。但是，我们在知乎上去搜索一些问题的时候，就会觉得这是营销，哪怕前面有故事作衬托。百度知道出现的时间久，又是百度搜索引擎旗下的产品，所以在搜索关键字的时候，最先出现的一定有百度知道的内容。

举个例子，一个卖茶的运营者，在百度知道里面发了一条提问：云南有什么特色茶？

回答的不一定是运营者的小号，也可能真是回答者，在众多回答者中，运营者小号隐匿其中，但是，所有答案中，运营者的小号回答得最具体，这样一来，更专业的回答就会吸引受众关注。关注的人多了，引流也就水到渠成。

第三个，百度文库。百度文库是一个互联网分享学习的开放平台，但是这个平台很利于运营者进行引流，关键有三点：

关键点之一，能够设置带长尾关键词的标题，百度文库里面的标题都能够设置关键词在里面，轻而易举地吸引不少流量。

关键点之二，内容质量高就会增加点击量，好内容、高质量的文章不仅有高点击量，还会有下载量等，最重要的是，持续输出高质量内容，会被用户关注。

关键点之三，百度文库进行引流，大多数都是从学术、专业方面切入，用户关注你在于此。所以，你们之间建立的联系是在专业的基础上，彼此更具信任度。

第四个，百度贴吧。百度贴吧是以聚集兴趣相投的受众为主旨的平台。在百度贴吧有一个好处就是能够找到你的精准用户群，然后加入贴吧里相应主题的贴吧，在贴吧里发一些文章或者图片，让跟你志趣相投的用户看到，并且互加微信。百度贴吧引流也是需要技巧的：

技巧一，选择冷门贴吧发送外链接和发广告，都不会被马上删除，但是冷门贴吧人少；选择热门贴吧，人倒是非常多，可以提高微信号的流量，不过竞争力也很大，而且外链接和广告一旦被发现，删除的速度非常快。

技巧二，内容涉及宣传一定要用软文，软文可以得到吧友们的赞赏，可以提高被管理员置顶的概率，可以不被马上删掉。

技巧三，在发帖子的时候，也选择一些结合社会新闻热点事件的内容进行引流，尤其是在不同的贴吧里要发与它们格调一致的内容，比如，在一个娱乐八卦的贴吧里，发一些相关的内容会引起更多注意力，激起好奇心，吸引更多的点击率，增加自己的曝光度。

技巧四，在贴吧不管是发文案还是发软文，最重要的就是有一个好标题，好标题吸引受众。

技巧五，比起抖音、快手，贴吧的直播更能找对精准用户群体，所以，要学会利用贴吧直播提升自己的曝光度和关注度。

第五个，百度经验。百度经验的权重没有百度百科、百度知道和百度贴吧高，但是，百度经验作为一个高质量外链，效果是可圈可点的。如何设置百度经验，利用百度经验引流呢？有几个需要注意的地方：

标题。百度经验里面，绝对不能出现广告，而且一定要学会在标题里面配备高度匹配的关键词。

内容。百度经验里面的内容一定不能加链接，但是能加图片，而且措辞上要通俗易懂。

参考资料。参考资料所涉及的相关链接，必须要和内容有关。但是这里的链接可以是与你相关的网站链接，只不过，你需要在百度经验发文章之前，先把链接的事情准备好，到时直接上链接。

原创标签。是原创就要添加原创标签，不是原创就不要添加原创标签，否则就会被封号，被封号就表示你失去了一个引流渠道。

内容细节。在撰写内容的时候，工具和注意事项并不重要，但是步骤一定要交代清楚，并且能够配图。

有时候，百度经验的作用和百度文库差不多，就是展现你的专业。比如，一个美术培训机构，可以在百度经验发很多关于"如何画好油画""如何画好素描"等内容，然后增强个人IP的专业度。并且，在参考资料里面可以把机构网站的链接放进去，当然是和经验本身有关的内容，大家点进去之后会直接浏览你的网站。

第六个，百度搜索风云榜。听起来是不是有点陌生？如果陌生，说明你对百度产品不了解。百度搜索风云榜寻找热门关键词，然后通过把关键词融进软文的标题、内容里，在各大门户网站、论坛等渠道发表这些融入关键词以及产品、品牌的软文。只要受众搜索关键词就能搜到运营者发表在各个渠道的文章。只要文章内容足够有趣，高质量，甚至能给受众带来很好的阅读体验、阅读价值，那么，就能让受众根据文章内容去添加。

但是，百度搜索风云榜的关键词也是有选择的，至少要和产品有所关联。现在很多标题党都被嫌弃，因此，不仅要把标题做精彩，更要把内容做精彩。用好内容吸引受众，从而将受众引流到自己的个人号、公众号上。

第五章

变现：终极目标，实现信任变现

我们打造私域流量，用时间和精力打造个人IP，与自己微信朋友圈的朋友们建立彼此信任的关系，最终的目的就是通过信任变现。这一章，我们主要来讲一下，信任为什么能够成为变现的核心，我们又该通过怎样的方式、技巧，让自己与用户建立更加深入的信任。

5.1 通过信任，让朋友圈流量成交

个人IP的建设是私域流量运营的目标，但是，私域流量的终极目标是变现。在朋友圈，你和每一位微信朋友之间至少要存在信任感才能互动交流。

但是，在朋友圈想要获得别人的信任越来越难，其实微商刚刚兴起的时候，才是朋友圈带货的风口，大家都有一个认知，认为既然是我朋友圈的朋友，怎么可能吃亏上当？然而，事实证明，有些为了赚钱连自己都骗的微商，不要说你是他微信圈的朋友，就是他现实生活中的亲朋好友骗起来都不眨眼睛。之后，因为这样一批不讲武德的微商，导致在微信圈营销变得处境艰难。想要获取微信朋友的信任，就需要更努力去展现自己。

毕竟，朋友圈流量成交的根本就是在于彼此之间的信任，我信任你，所以通过微信转账的方式付款；我信任你，所以相信你所卖的产品。当然，如果你想持续私域流量变现，就要推荐好的产品，因为你要用产品保住你来之不易的声誉，你要维护住用户对你的信任。

要具有对产品和领域专注的态度

做过私域流量运营的人或许会以自己的经验告诉你，真的很难。之所以难，难在时间上，私域流量运营就好像在盖楼，而且属于一块砖一块砖地盖。

盖楼注重什么？注重的是质量，如果盖楼的时候不注重质量，楼是无法成功盖起来的，即便盖起来也是豆腐渣工程，一阵风就吹倒了。

作为运营者没有固定产品，比如，卖面膜卖了一阵子，觉得不好卖，于是就改卖饰品，发现也不是那么好卖，感觉手工艺品很好卖，又开始卖手工艺品。这样频繁地换产品，就会给人一种印象：这个人什么都卖，但是好像什么都卖不久，大概是质量不行吧。

这种印象一旦形成，基本上卖什么都卖不动了。在笔者的朋友圈有一个国画培训机构，专门教国画、书法课程，本来是挺专业的，但是，不知道从什么时候起，培训机构的老师们开始在朋友圈卖纸墨笔砚，这时也没有觉得有任何问题，因为他们本身就是国画、书法培训班，卖一些纸墨笔砚还觉得挺不错。然而，慢慢地就开始卖日历、对联，想想与书法也有关系，还可以接受。之后竟然开始在微信朋友圈卖小米、大米、苹果和茶叶。像这种情况，不是卖一种或者一类产品，而是什么都卖，让人难以接受。

还有一位专门卖时令水果的朋友，开春的时候卖草莓、入夏之后卖樱桃、夏末秋初卖苹果，总之，他的产品都是水果，根据不同季节售卖不同的水果，让人觉得他卖的都是时令、新鲜水果。

培训机构的这位老师什么都卖，比如卖一阵子小米之后，就改卖大米，后来又改卖茶。这个老师给人的印象就是不好好教孩子们学习国画、书法，光想着依靠群里的家长推销这些产品。

以上案例说明了一点，作为运营者要对产品、对领域有专注的态度，就像卖时令水果的朋友，他一年四季都卖水果，只是按照不同季节卖不同的品种。现在，一到苹果采摘的季节，就会有人主动问他有没有苹果。这就是在朋友圈做出了自己的品牌，原因就是他卖的苹果的确物美价廉，价格不仅比超市低，最重要的是不缺斤少两，还好吃。

坚持某一款产品，就很容易获得成功。总是换产品，实际上就像我们做事情一样，半途而废，只有坚持不懈才能成功。

私域流量运营者想要变现就要做到三个"坚持"：

坚持方向性统一，跟着行业发展趋势，这样就能够让事业长效可行；

坚持选择性的统一，通过衡量产品利益优势，决定了事业的利益前景；

坚持灵活性，产品可以不单一，但不要频繁更替，可以增加产品结构，优化产品结构，切忌更换产品类型，只有这样才能让事业具有抗风险性。

运营者在私域流量运营的时候，如果存在以下心理，就很容易走向失败：

第一个心理，纯粹进来凑热闹，并没有想要在这个行业做出一番成绩的想法。玩票的态度，往往决定了做不精、做不好，因此态度直接决定结果。

第二个心理，意志不坚定，总是在做运营的时候觉得自己的产品不行。自己都觉得产品不行，又如何让用户信任你的产品行呢？自己首先要对自己的产品有信心；其次，不要存在左右摇摆的心理，总觉得别人家的更好卖；最后，不要总是存在想换产品的想法，这样无法让用户对你产生信任。

第三个心理，当作副业，一旦把私域运营当作副业，甚至是闲着的时候才想起来打理，时间都用在其他工作上，你就会直接失去竞争能力。没有精力管自己的产品，没有精力发朋友圈，更没有精力与客户沟通，最后出现的问题就是，你的私域流量运营胎死腹中。

所以，想要打造一个能让用户信任的个人IP，首要任务就是打造出自己的专业、专注，对一类产品的专注，对产品相关延伸知识的专业，在专注的领域深耕细耘。只有这样，才能更加坚定自己的信心，有时候，越迷茫越左顾右盼，越左右摇摆，越一事无成。你需要把精力集中在一点上，达到水滴石穿的效果。你越专注越长久，用户就越信任你、认可你。

要具备全面的商业能力

私域流量的最终目的是变现，变现就是卖产品、卖货、卖服务。所以，打造私域流量也需要每一位运营者掌握一定的商业能力。

掌握商业能力可以阅读相关方面的书籍。一般来说，商业能力体现在以下三个方面：

第一，思考能力。思考能力是一个人做一件事情或者一个企业长期运营应具备的基本能力。如果想经营好自己的个人IP，就要学会思考，毕竟智者勤勉于思考，而非在体力劳动上的勤勉。

第二，发现需求能力。就是能够在市场中找到用户的需求点，发现这个事物是否具备信息差，或者产品结构链可以进行减少优化。需求其实就在你我身边，在于你我是否可以发现。

第三，口才能力。私域流量运营是在微信上，微信上虽然不用说，但也要用键盘敲出来。口才能力实际上就是沟通能力。沟通能力是将你的想法和产品相关的内容告诉你的用户，告诉他们这些东西能给他们带来哪些好处，他们投入进来可以获得什么，然后大家为了一个共同的愿景而努力。

除了具备商业能力，还要具有纵观全局的能力以及规划预测未来的能力。纵观全局的能力，就是你能够站在现在的点看到更远的点，俯瞰全局，你的决策才会更加明确。而预测未来的能力，是依靠你对数据的分析能力，尤其是对于私域流量运营来说，数据分析是你能够预测下一阶段打造私域流量方向的重要依据。

5.2 维护粉丝就是维护客户

在朋友圈做私域流量营销，最重要的就是维护好已经成为你的粉丝的用户，就像我们去买东西，商场都会打着"顾客就是上帝"的标语一样，微信里面已经成为你粉丝的用户，一定要维护好与他们之间的关系，才能够留住客源。

只有这些粉丝真正地被留住，才能够继续裂变的步骤。总之，不断壮大客户群体就是要做到优化维护这一步，这一节笔者主要介绍一下如何维护朋友圈的粉丝，以及提高用户黏性的技巧。

为什么要进行粉丝维护

很多运营者想得最多的就是如何发掘新客户，如何将购买潜力变成购买实力，但是，有的时候太看重引流，想方设法挖掘新客户，却忽略了对老客户的维护。因为有的运营者会单纯地认为，已经购买了自己家产品的用户，就是自己粉丝的用户，就是板上钉钉的，不用再刻意维护，还是会有复购率的。

实际上，在用户黏度、忠诚度都非常低的网络消费时代，用户购物一是享受购物，二是享受购物过程，真正比较起来，用户会更愿意选择服务优质的商家。

你不断地宣传和推广之后，会发现微信个人账号和公众号的粉丝在增加，但是，粉丝能够主动加你，也能够主动删除你或者取关你，其中的原因在于你是否持续带给他更好的服务体验。

什么叫作好的服务体验？

首先，用户在服务中被商家关注，这一点就会让大批用户沦陷。我们都是普普通通的消费者，但是，如果有的商家能够持续输出对我们的关注，我们同样会输出对产品的热爱，这是对等的。

其次，很多用户能够明确感觉到购物前、购物后商家对自己的态度改变，对于用户来说，就好比是"收了钱就翻了脸"，这种印象一旦出现，用户不仅不会复购，而且会直接删除，删除之后，还会在朋友圈曝光。总而言之，你的忽略可能会对某些比较敏感的用户造成情感伤害，最终反噬你。

最后，不懂得维护粉丝的商家，大概只想做一锤子买卖。要知道，复购不是一个主动的事情，往往是在商家的关怀下和引导下促成。所以，想要提升自己的销售，就要维护好现有粉丝，因为现有粉丝不仅可以提升复购率，还是裂变拉新最快捷的方式。

第一，你要清楚老客户永远是潜力最大的客户。很多运营者进入一个误区，总觉得在茫茫人海找潜在客户是一件很重要的事情，但实际上，最大的潜在用户就在你的粉丝群里，在乎老客户感受，让老客户感觉到你的关注，他就有可能成为你忠实的回头客。

运营者不要觉得已经在你这里购买过的客户，一来可能不会再从你这里购买，二来客户已经买了一次就会买第二次。这两种想当然的想法实不可取。

一方面，如果是购买衣食住行类产品，复购率还是比较高，因为你的产品老客户用过之后是满意的，他也不愿意花时间再去找陌生的、不再了解的商家购买，还不如从你这里购买；另一方面，即便你卖的产品本身复购率就不高，但是，老客户会因为你的持续关注，与你的关系良好，就会主动传播你的产品，甚至直接给你拉来新客户。所以，作为运营者一定要不断挖掘拉客户的价值，拉动店铺的销售额。维护与老客户的关系有以下

第五章 变现：终极目标，实现信任变现

四个好处：

好处一：会降低引流成本。比起去各个平台用各种方式引流，巩固好自己与老客户的关系，不仅能够节省时间，还能够降低发展客户的成本，因为老客户给你拉新全凭对你的信任。

好处二：增加消费需求。只要你做的不是一锤子买卖，基本上老客户会给你带来更多生意，他不仅会自己买，还会拉上身边的人一起来你这里买。

好处三：提高营业利润。很多产品销售的盈利都是老客户带来的，一般来说，老客户的忠诚度提升1%，整体利润率就会直接上升10%左右。

好处四：提高推销成功率。老客户对于你推荐的新品接纳度要比新客户高很多，一般来说，老客户只要需要这些产品，接受推荐的概率有50%，而新客户可能只有15%左右，所以，维护好老客户很重要。

运营者在老客户购买之后，要更加热情地对待老客户，做好售后服务，让他们感觉到自己在你这里得到了最大的尊重，最大的关注以及享受最优质的服务，这样的话，才能够真正地留住老客户。留住老客户，挖掘他们身上的潜力，才是正确的营销方式。

第二，多进行回访才能增加下单率。无论是新客户还是老客户，想要增加下单率，不仅要用户自己对产品感兴趣，还要通过日常的回访去刺激他们。对于老客户来说，日常回访，实际上是提升他们的存在感，发挥他们的消费潜力。对新老客户的回访一定要多听少说，具体步骤如下：

第一步，设身处地地站在客户的角度，理解他们的感受，站在他们的角度去审视自己的产品。

第二步，积极回应客户的问题和信息，一定不要着急，如果对方着急，首先安抚对方，再去倾听到底问题出在哪里。

第三步，准确理解客户说话的意思，不要主观判断，也不要对客户的话产生误解，要客观地去理解客户的想法。

第四步，听完客户的话之后，在回答的时候不要杂乱无章，而是想好条理顺序，一一为客户做出解答。

第五步，最重要的就是排除客户的消极情绪，缓解客户的愤怒情绪，不要让客户生气，要让客户心平气和地与你讨论，这非常重要。

作为商家，一定要清楚，开门做生意什么样的顾客都会遇到，哪怕是同一件产品，不同的客户都会提出不同的问题，有些你认为不是问题的，在客户看起来就是很大的问题。这时候，商家不要一口一个"我认为""我觉得"，而是要站在对方的角度去思考，然后在最短的时间里给客户降火。

在客户看来，自己提出的问题能不能得到系统的解答和解决，是决定他是否会继续信任这家店铺的基本标准，也决定用户是否要继续和商家打交道的基本标准。因此，商家一定要认真地对待客户的每一次反馈，并且做好解释。除了解释，就是大家心平气和之后，给出解决方案。

但是有一点，面对无理取闹的客户，商家也要标注一下。就像新闻中报道的一样，一位客户在一家店铺买了18万元的衣服，全部试穿之后，要求退17万元的货，这样的客户就直接把他标记在黑名单即可。

如果做出回访，但是又没有把用户反馈的建议当回事，可能就会被客户直接拉进黑名单，损失这部分客户。所以，如果进行了日常回访，就要做到把任何问题记下来，一一改进，并且做到完善。然后将所改进完善的结果回馈给用户，让他感受到你的诚意，感受到他自己的重要性，有利于留住他。所有挖掘消费潜力的前一步就是留住客户，客户在手，销售不愁。

留住客户有没有切实可行的技巧

既然我们要想办法留住客户，那么留住客户有没有可行的技巧呢？客户是营销活动的终极目标，也是私域流量变现的实施者，所以，要想做长期营销，就要有做长期营销的想法，比如，不断积累新客户，持续关注老客户，发展老客户成为最具潜力的消费群体，让自己的生意生生不息。尤其是在销售过程中，如果遇到对产品没有兴趣的用户，不要轻易放弃，而是要循序渐进地引导对方，和他建立良好关系，慢慢引导他。我们也可以通过技巧，抓住核心客户并且提升客户黏性：

技巧一，抓住客户痛点并解决它。

笔者之前也说过，戳消费者的痛点，才能让他关注你的产品，让他对你的产品感兴趣。戳中痛点之后，会引来用户的关注，下一步就是解决痛点。谁都不喜欢只戳中痛点，贩卖焦虑，提出问题却不给出解决方法和答案的人。实际上，作为商家，我们心中已有答案，就是产品，你在戳中问题之后，与用户沟通的时候，就要把答案推荐过去，让他感觉你真的在解决他所面临的问题，缓解他的焦虑。

举个例子，你是卖减肥代餐营养品的商家，面对一个女性消费者，她所面临的问题是身材肥胖，但是她的工作是长时间坐在电脑前，即便是下班之后，她也不愿意动。这时候你可能想到，肥胖对于身体来说危害很大，比如，不健康、容易形成"三高"、穿衣服不好看。在这三点中，你觉得哪一点是女性最关注的、最大的痛点？是第三点，穿衣服不好看。

因为不健康、形成"三高"不只是肥胖者才会有，有的人很瘦，但是一样会有"三高"，"三高"中的血压、血糖都有遗传性。并且，这两条对于你所面对的女性用户来说，不足以触动她。然而，作为一名女性，无论她是已婚还是单身，个人形象才是她最关注的。打开衣橱找不到一件能穿的衣服，这是她的痛点所在，也是她的焦虑。

由此可见，我们要找到用户最在意的点，也就是最能戳痛她的点，以及她所感到的最焦虑的点。你戳对了，并且给出了解决方案，就会得到用户的信任，从而使她成为你的铁杆用户。

技巧二，多进行互动，增强客户黏度。

在朋友圈进行互动的方式还是很简单的，比如，看到客户发朋友圈，一定要第一时间点赞或者评论：

发现用户发好友聚会，评论一下，或者点个赞；

发现用户发观影照片，评论一下，顺带说一句自己的观影体验等，显得你和对方有一样的兴趣；

发现用户在晒体重，这时称赞一句，让他感觉你一直在关注他；

发现用户在发鸡汤，点赞的同时也要发个表情，表示对他的鼓励和支持，让他感受到被关心。

总之，对朋友圈里面用户发的状态，一定要及时关注，有时候点一个赞，有时候评论一句，但是要注意分寸，让对方感到欣慰的同时更加信任你。通过互相分享心情的方式，拉近彼此的关系。

技巧三，以感情为基础，打动用户的心。

商家在做运营的时候，如果只发一些无趣的广告内容，肯定不会被关注，但是，如果将文案修改的能让人产生兴趣，打"感情牌"就不一样了。情感营销一直是不错的营销方式，因为大家在生活中会遇到各种各样的感情问题，对待感情的态度也都不一样，所以，感情方面的需求也越来越大。

我们举个例子，同样一款连衣裙，价格上相差不多，按照一般的购物逻辑，货比三家，同款选最低价，也就是应该买便宜商家的连衣裙。但是，便宜几十块钱的商家在态度上很不好，觉得每一个用户买了自己家的产品就是买到了全网最低，就是占了大便宜，爱买不买。而贵出几十块钱的商家，在咨询的时候态度很好，并且买裙子还赠送发夹或者发卡等小礼品。有趣的是，更贵一点的商家单品销售量远远高于全网最低的那一家。因为，大家不是缺这几十块钱，而是缺购物过程中的服务体验，为了享受到更好的服务，愿意多花几十块钱。

所以，情感营销之所以重要，就是很多消费者愿意为自己所得到的服务付费，愿意为更懂自己的商家付费，同样愿意为自己的感情需求得到了满足而付费。

技巧四，增强客户体验感。

一个在线上开店的商家怎么提升客户体验感？可以通过活动，通过营销活动赠送礼品，这里的礼品是指产品的小样儿，比如，护肤品都会有赠送装，彩妆也会有赠送装，如果没有，自己可以将一些小件的产品作为小样邮寄给用户。

当然，不能平白无故地邮寄，因为你平白无故地邮寄过去，对方不一定会知情，也不一定会领你这份情，而会觉得免费得来不去珍惜。但是，如果通过活动得来，虽然是免费的，但是用户花了时间，比如在朋友圈转发，或者某篇文章评论点赞前三名等。因为是花了自己的时间参与活动得来的礼品，就会倍加珍惜。如果用过小样觉得很好，他就有可能直接下单成为客户。

技巧五，多平台建立媒体矩阵，拓展客户。

不要拘泥于微信一个平台，而是要在多平台建立媒体矩阵，拓展客户。我们做运营的，一定要把眼光放长远一点，微信朋友圈固然重要，但是你想要拓宽微信朋友圈，扩充微信朋友数量，还是离不开引流，建立媒体矩阵，扩展客户，不断地让自己认识更多人，和对方成为朋友之后，建立良好的信任关系，再从他们身上挖掘潜在购买力。

所以，做运营是做全网运营，而不能单单只看微信，毕竟微信有局限性，你要拓展更多的人脉资源，提高自己的人气，为自己生意的长远销售打下坚实基础。

该不该相信"唯有套路留人心"

私域流量运营到底要不要套路？实际上适当的套路还是要有的，但是强调只要套路就错了。这些年很多写作课程都在教不会写作的人一个写作套路，有趣的是，从标题到正文，所有套路都会为什么还写不好文章？因为好文章是用心写出来的，可以说，少了真情实感，少了真实态度的文

第五章 变现：终极目标，实现信任变现

章，是不会影响更多用户的。套路就是一种格式，但是除了格式，要的还是真诚的态度。

运营也是有套路的，比如，想要把新客户发展成为老客户，就需要带入套路，运用技巧：

第一，找到跟踪方式。想要把新客户发展成老客户，实际上就是让新用户买你的产品，但是，除非是特别需要的产品，很多时候，用户买不买产品完全取决于你有没有触达到用户。跟踪用户，持续跟踪用户，总是提醒他，告知他，主动去挖掘他的消费潜力。

但是跟踪是一件令人很不愉悦的事情，所以一定要有技巧。比如，别人都只通过微信跟踪用户，你可以选择约在线下，让彼此更加熟悉对方。当然，有的文章说通过书信的方式，笔者建议不要采取这种方式，毕竟车慢马慢的书信年代已经过去太久了，如果你写得一手好字，倒是可以尝试，如果你的字识别率太低，还不如微信上问候一下，以表关心。

第二，找一个合适的借口。我们想要跟用户进行进一步的交谈，找一个借口很重要，或者说要让彼此的见面没有那么大的功利性。如果直截了当地说是给用户推荐产品，那么用户也会想一百个借口拒绝你，大家的时间都不富裕，就算富裕也不会用来见陌生人，还是一个只想推销产品的陌生人，因此，约见一定要有合理的理由。

要找理由，平时就要关注这位用户。比如，这个用户周末时喜欢参加什么样的活动，你也可以一起参加。比如，这个用户喜欢参加茶会，大家一起参加一个茶会，在茶会上进一步认识，因为兴趣相投所以也有很多话题可以聊，然后在聊的过程中带入自己的产品。如果不能进行线下交流，

141

微信上聊天也可以。不要直接说产品，因为你说的用户可能不回复，严重一点，直接拉黑你，所以即便在微信上，还是要从一个对方感兴趣的话题开始聊，可以是和产品有关的，也可以是用户平时关心的点。

第三，注意跟踪的时间。每天跟踪是不行的，你也没有这么多时间，那么我们要多久跟踪一次呢？基本上一个月有两到三次，也就是说，我们不频繁地去打扰对方，但是也会偶尔出来提醒他"我这里有你感兴趣的产品，你可以考虑"，然后给对方考虑的时间。这个频率一般情况下不会被用户拉黑，如果太频繁，一个星期一次，或者一个星期三五次，基本上这个用户就保不住了。

温馨提示一下，在跟踪的时候，不要暴露出太强烈的销售欲望，让人感觉"这个人跟我聊天，就是为了卖货"，这样的感觉是十分不好的。所以，你要表现出是在帮助他解决一些烦恼、舒缓一些情绪，同时你的产品也会为他创造一些价值。

平均来说，三五次的跟踪才可能成交一笔生意，也就是说，这个事情着急不得，有时候，一些客户真的是"铁石心肠"，你就是隔三岔五地跟踪半年，可能都无法打动他。那么，你就要反思一下，是不是自己的跟踪过程出现问题。一般来说，跟踪的时候有以下注意事项：

第一，记录沟通情况。每一位用户单独记录，免得记错了。对每一个想要发展的用户，你都要记录一下他的喜好。你与他沟通的时间、次数、内容以及他的态度，只有你把他详细的情况记录下来，传达给他一个信息，你关注他、熟悉他，让他实现存在感，甚至是优越感，你们的对话才会更加顺畅，他也会更期待与你的沟通。

第五章 变现：终极目标，实现信任变现

第二，感谢的话一定要有。比如对方买了你的东西，不管如何都要对用户表达谢意，让他感受到你的诚意，所以，表达时，可以用书写亲笔信，也可以在微信里发真诚的语音。

第三，时不时发给他一些新品、优惠折扣活动等。不要强调销售，而是根据他的喜好去推荐，这样有利于他的下一次复购。

跟踪用户达成初次购买或者复购之后，也会面临一个问题，就是售后。在售后过程中，如果表现得不被用户接受，基本上这个用户就流失了。售后要求我们及时，比如，对方收到产品之后，对产品有疑虑，然后他1日晚上7点的时候在微信上咨询你，结果你3日早晨才给他回复，这样的售后服务，实际上只会让用户更加愤怒。如果在他发出之后，你马上给出回复，至少说明你很关注这件事，你有积极想要解决问题的态度。

一般产品容易出现以下三种问题：

第一，产品本身有质量问题。质量问题分大小，如果产品出现的质量问题真的很大，那就二话不说给用户退货退款，并且表示歉意，这是最基本的；如果问题不大，就和用户商讨解决方法，如果用户提出的要求合理，就应该按照客户的方法解决，反之，也不要着急，而是心平气和地讨论。切忌自认为产品不错，跟客户互怼，因为你是做生意的，这一单如果真的有问题，解决之后，客户会在你这里复购，如果就强硬地不解决，肯定就没有下一单了。

比如客户买了一件衣服，大问题就是衣服出现了比较大的残疵，你在出售的时候没有检查，这种情况下可以退货或者换货，不要过分地矫情；

如果这件衣服只是有点小瑕疵，扣子不紧或者出现了线头，那就好好谈一下，比如主动承认产品有点小瑕疵，也要表明这个瑕疵是不影响使用的，并且约定下次一定会检查好，还可以给用户下次购买打个九折。这样一来，用户不仅满意，而且下次复购都已经预订好了。

第二，错发。错发这个问题也是很好解决的，一是对方喜欢，补个差价；二是如果对方不喜欢，就直接换。但是，一定要注意态度。

第三，漏发。遇到漏发客户比较容易着急，所以，这时候你一定要想办法安抚对方，甚至退一步给对方一些补偿。比如，马上补发并且放入一些小样儿等礼品，或者马上补发，并且在微信上跟客户说，下一次一定会发全，如果产品利润不错，也可以给用户打九折等。总之，让客户感受到，你不是有意漏发，你的态度很好，他下次会再从你这里购买。

所谓套路就是格式，比如卖出去之后，要鼓励客户提出建议，这实际上就是一个套路，让客户觉得自己分量很重，在你这里买东西，得到的不仅是产品，还有尊重。请用户提建议和意见，也要根据用户的建议和意见完善相关流程，才能真正留住客户。

5.3 让自己成为朋友圈优秀的创业者

做私域流量变现，不仅是运营者的一份工作，更是运营者的一份事业，你要把自己优秀创业者的一面展现在你的朋友圈，让更多用户从感官上、认知上肯定你的身份。因为优秀的创业者往往会吸引用户的追随，你的优秀同样会激励你的粉丝。

为什么先要跟客户交朋友

运营者和客户成为朋友才能真正地了解客户，了解客户的喜好、了解客户的性格，然后根据客户的信息分析出客户的需求和痛点，以及自己的产品是否能够得到客户的青睐。这样也有利于节省自己的时间和精力。

比如，你和微信圈某个用户不是朋友，你对他一无所知，然后你用很多的时间、精力甚至是物质等去打动他，结果三五个月过去，你发现这位用户一直坚定地不买你的产品。至于这位用户不被你打动的原因，可能很多，比如不喜欢你、不喜欢你的产品，甚至可能是你的竞争对手，就是因为缺乏深入了解，所以才会在这方面下错功夫。

运营者根据客户的实际需求推荐最适合他的产品，这时候你的推销行为对他来说不是单纯的推销，而是解决他所面对问题的方法，是舒缓焦虑的途径。

要知道，在用户没有买你的产品时，你与他成为朋友，你用真诚的态度对待他，他对你的好感将倍增。谁都喜欢雪中送炭的朋友，谁都不缺锦上添花的朋友，在平时带给用户温暖，有利于他对你产生好感和信任感。

我们要跟客户交朋友，只有成为朋友才能永久留住他。要知道，只是客户关系的关系，实际上并不牢靠。但是，有一点要清楚，你的产品必须保证质量。说一个反面案例：微商刚刚火的时候，朋友圈卖货真的非常容易。然而，有的人为了卖货，为了赚钱就开始卖一些"三无"产品，尤其以护肤产品、面膜、减肥产品为主，这些产品卖给朋友之后，朋友发现产品质量很差，也不给退、也不给换，总之，就是一锤子买卖。

然而，这种无良的微商运营者最终破坏的是整个微信环境，之后，大家在朋友圈里如果发现微商，基本上就直接屏蔽或者拉黑，有的人上过当不想再上当，有的人没上当也会在心里筑建一堵防护墙。

所以，我们要跟客户交朋友，既然成为朋友，就要用对待朋友的态度对待客户。

为什么好产品好服务才是最有力的营销

好的内容才是运营的基础，好的产品、好的服务才是最有力的营销。上文中举例，一些只为赚钱的微商以次充好，卖着专柜的价格但是产品却是"三无"的，最后，他们的所作所为导致整个微信带货环境恶劣。

由此可见，好的产品、好的服务才是私域流量运营的基础，跟你不熟的人，买了你的产品，产品好，发展成为老客户；跟你熟悉的朋友，买了你的产品，产品好，就会主动给你传播口碑。但如果产品不好，不是朋友的用户直接拉黑，是朋友的用户基本也就"友尽"了。

做私域流量运营最根本的就是把产品选好，你的产品可以贵，你只需要找对用户群体就行。但是，你的产品不能差，这关系着你个人的名誉。举个例子：笔者朋友圈也有一些运营者，他们卖的产品真的是衣食住行各个方面，尤其是以护肤彩妆、减肥产品、茶酒居多，别的朋友还不错，基本上在打过交道的商家手里买回来的产品，不能说物超所值，就是没有上当受骗，的确就是好产品。

有一家让人记忆尤深，卖的是茶叶，不是微信里一口一个"哥哥"的卖茶妹子，而是真的茶商，价格上比起市场上的的确低了一点。比如每斤茶便宜三五十元，其实，对于一斤动辄上千元的茶叶来说，便宜的那三五十元还真不算什么。但是，因为互动上很主动积极，于是就从他的手里买了些茶。买回来一看，茶的包装不错，上面一层茶叶品质不错，下面全是碎茶渣。气愤之余，指责他卖的茶一半都是茶渣，结果自己反而被对方先拉黑了。

茶叶也算得上是快消品，因为对于爱好喝茶的人来说消耗很大。所以，一般来说，在朋友圈卖茶卖的是个好名声，茶好、服务好，就会积累一大批老客户，这些老客户就能维持你基本的销售额。

现在来看，每一个在朋友圈买你产品的人，开始还是对你存有一定好感或信任的，或者与笔者一样，架不住对方的热情问候以及紧追不舍地推荐，如果产品好、服务好，就能留住这一批买你产品的客户。如果产品质量不好，建议不要做私域流量运营，因为所有的都是一锤子买卖，新客户不能转换为老客户，私域流量池的打造很难完成。

怎样让自己成为细节领域的行家

如何让用户主动问你买产品？听起来是不是有点天方夜谭？怎么会是天方夜谭，用户也是可以主动向你买东西的，只要你足够专业。

还是以卖茶为例，笔者微信里不少卖茶的商家，除了不良商家已经被拉黑之后，还有几家。其中有一家茶商，发的内容包括自己喝茶的视频，或者不同的茶如何冲泡的知识点，总之，这个商家发的内容让人觉得他很会沏茶，除此之外，就是他对茶叶茶性的了解。所以，笔者买了他家的茶，因为是不同品种的茶，比如滇红，货到之后，对方还会直接发来沏茶的流程以及注意事项，因此，下次买茶时，就会第一时间想到去他那里。

我们说在细节领域、垂直领域成为专家，实际上就是要多掌握相关知识。例如，在自媒体发展初期，商业财经和技能培养是最常见的品类。如今，通过大量KOL（Key Opinion Leader，关键意见领袖）在细分领域的挖掘，内容品类的范围越来越广，知识生产者也从过去的"大V"和KOL，快速扩展到各行各业中的自媒体人，内容品类更加垂直，这些垂直领域都有可能出现"爆款"。

但我们也知道，因为产品同质化越来越严重，想要从众多竞争中脱颖而出不容易。但是，只要下功夫去探索、深入了解自己所售产品的相关知识，就能够积累出更专业的知识，从而打动用户。现在来看，前几年把自己打造成"大V"和KOL的运营者已经成为各个平台争抢的对象，在今日头条里，都有某领域作者或者某领域专家的备注，实际上就是如此。

我们想要了解"罗辑思维"肯定去关注罗××；我们想了解如何处理亲子关系，一定去找尹××；我们想了解新生儿等育养问题，可能直接找××妈妈……总之，想要找到相关领域的知识就直接去找这个领域最具有话语权的"大V"。

所以，在做运营时，我们一定要让自己成为某个领域的行家，让用户在想到某个领域时，第一时间想到的就是在朋友圈的你。

5.4 迅速把你的产品卖出去变现

我们做私域流量运营的最终目的是实现变现,这是本书一开始就强调的。所以,运营者一定要掌握一些营销技巧才能实现变现。即便是在你微信群里的用户,只要没与你发生买卖关系,那就不是一个合格的私域流量,每一个私域流量存在于你的微信圈里的主要目的就是帮助你卖出产品变现。

怎样在朋友圈晒单、晒好评才不惹人烦

运营者要通过晒单和晒好评来吸引客户,营销的目的就是吸引更多客户购买你的产品,晒单和晒好评实际上是树立自己的品牌、口碑和产品形象,但是,如果晒不好,一是会引起朋友圈朋友的抵制,二是让人觉得不舒服,因此晒好评、晒单是需要技巧的。

我们先说晒好评。晒好评是为了让客户更好地了解我们的产品,激发没买过产品的客户产生想要购买产品的欲望。而且,运营者一定要把好评拿出来晒一晒,这有利于提升运营者的转换率。晒好评一般有两个渠道,第一个就是通过微信朋友圈,上传好评照片,然后晒出相关的好评信息;

第二个就是在各大电商平台，比如淘宝、京东等产品信息页面晒好评。

在微信朋友圈晒好评信息，可以向微信圈好友传递三个信息，一是你卖的产品类型、产品品牌、产品等相关内容；二是你卖的产品很好，属于高质量产品；三是你这个人不错，好产品+好服务，总之带来的都是好评。

另外，如果你有公众号，在今日头条上面也有账号，可以写一篇相关的文章，里面配上这些好评的图片，达到一个晒的效果，这些好评一定是对你的产品、对你的服务以及对你这个人的认同、认可、表扬等。

在微店、淘宝、当当、美团、拼多多等电商平台，客户对你的产品所做出的好评也要截图，晒在自己的产品信息里面，当然，电商平台的评论里面能直观地看到。

电商平台的好评、微信里用户给你的好评都要一一截图，或是做成文章，或是直接晒图，让这些图传播出去，传递到潜在用户群里，让更多的用户得到产品好评的信息。只有这样，才能更加吸引用户关注你，甚至在你这里尝试购物。

温馨提示：想要晒好评就要打造一个良好的评论环境，例如，在电商平台中，努力打造零差评的评论区，如果有客户真的遇到非常不满的情况，也不要置之不理，而是在下面回复，这个回复是能够被所有平台受众看到的，你面对差评、投诉的反应也是其他用户考量你的一个标准；对于比较挑剔的客户，要小心一点，一定要抓住他们的特点和喜好，尽量做到让他们满意，同时还非常感动，从而避免这些挑剔顾客因为有一点瑕疵就给打差评；策划"给好评"的优惠福利方案，比如现在很多商家都在快递

第五章 变现：终极目标，实现信任变现

里放一张纸，或者直接印在快递箱子上，给好评"返现"，不管力度大小，都是钱，所以很多人会为了这个优惠福利，主动给好评。

接下来，我们说一下晒单。晒单就是把自己的成交订单晒在朋友圈等地方，运营者在公众号、朋友圈、微信群或者微博中进行产品营销推广活动时，除了发布产品相关，还可以晒一些成功的订单以及上文中我们说的好评信息。

在晒单的时候，有以下需要注意的事项。

第一，要注意适度。晒单最忌讳的就是刷屏，没有人愿意看你一个劲地刷屏晒单。你晒出一两单，传递出"很多人喜欢你的产品""产品有了不错的成交量"等信息，让用户感觉你非常真实，而且有了尝试的欲望。如果你频繁地刷屏，用户的第一个感受就是赶紧把他屏蔽了，真的很烦。

晒单最重要的是注意适度，你的产品卖得好，评价高，引起用户对产品本身的心动和行动，但是频繁刷屏，就会让用户产生反感。

第二，产品信息要真实。有时候，真不真实是能够看出来的，还记得以前微商发朋友圈吗？动不动自己周围就摆三五十个箱子，地上摊一堆快递单子，慢慢地才了解，这都是摆拍。

笔者有一个朋友一开始并不知道，觉得朋友圈的某个人卖得真好，每次都是十几个箱子，地上一堆快递单，快递单上都写满了地址。然后，他也跟着去进货，结果他进了五箱面膜，最后一箱都没有卖出去。更让他崩溃的是，他进货之后，他的上家会定时给他发一些图片。原来，所有图片都是统一的，就像我们最近总是嘲笑微商提车，他们所发的图片，不管是仓库、家里还是车前面，都是一样的。这样做的最大危害，就是害苦了真

151

正踏踏实实做私域运营的商家。

所以，我们既然知道这种骗人行为，就不要学习，而是要晒真实可靠的订单。

温馨提示：不管是晒订单还是晒好评，你的广告不要太硬，你的频率不要太高，一定要注意节制。不要过分打扰别人，不要用突如其来的硬性广告把你的销售欲望扩大并且展现在朋友圈，这对你后期维护用户没有任何好处。温和地进行，真实地展现，说到底还是要踏踏实实地用真诚的态度去晒单，通过晒单提升用户对你以及你的产品的好感度，用晒单提升用户对产品的购买欲。

3种策略让朋友圈人脉流量变现

如何让朋友圈人脉流量变现，介绍三种策略：

第一种，明星效应。比如运营者卖的产品是由某个明星代言的，可以把相关的广告视频、广告图片、广告软文等发在朋友圈。但是，现在有一个特点就是对于明星代言大家也不那么感冒了，大概是都清楚"羊毛出在羊身上"这个道理，并且，明星代言翻车事件也层出不穷，所以，如果有的话就可以发出来，至少表示你的产品还是有明星代言的正规产品。

当然，资金雄厚的运营者可以考虑邀请当红艺人来给自己的产品代言，这一点说起来有点没有逻辑，如果资金雄厚基本上就是多举办一些营销活动，总比请艺人代言花钱少、效果好。

第二种，饥饿营销。物以稀为贵，当资源价值越大时，用户对产品的需求就越大。拿老白茶来说，新下来的白茶千元一斤，放了两三年的老白

第五章 变现：终极目标，实现信任变现

茶都要三四万元一斤。如果你是卖茶的商家，而且是卖白茶的，就可以直接在白茶新茶下来之后传递给你的用户，用一两千元买来的白茶，两三年后能够直接涨十倍。一般喜欢喝茶的肯定会直接出手，不喜欢喝茶也会因为能够升值入手一些白茶。由此可见，饥饿营销实际上也有技巧可遵循：

技巧一，限制数量。比如一个茶山上采的新茶不会是源源不断，总共有那么几吨，所以，在写文案的时候，一定要把这种限制数量的压迫感写出来。有时候，数字对于用户来说是比较抽象的概念，很多时候，没有人提醒，我们很难对数字产生敏感。所以，在营销过程中必须注意到这一点，在发朋友圈的时候，一定要表明这款产品还剩下多少，给用户造成一种紧张感、稀缺感和压迫感，刺激用户下单。

技巧二，限时抢购。一般说到限时抢购，就会让人觉得要么东西稀缺，要么价格美好。限时抢购配上相应的海报，真的能够激发用户的购买欲望。还是以白茶为例，新茶下来之后，想要快速卖出，就举办一个限时抢购活动，平时2000元一斤的白茶，限时1888元，而且数量有限。第一价格便宜点，第二数量还有限，这就让本来想考虑或者是犹豫的顾客马上下单。

不过，这种限时优惠的活动不宜举办太多，太多了，用户觉得这次错过了下次再说，尤其是卖白茶，每年新茶下来只举办一次。用户在参与一次之后，他会在第二年更积极地参与。

第三种，制造热销氛围。热销氛围会直接带动用户的从众心理。这其实就是利用了羊群效应，羊是群居动物，它们平时习惯随大溜，并且是盲目地随大溜。只要羊群中有任何一只羊开始往前冲，所有的羊都会和它一起往同一个方向冲，浑然不顾它们所朝的方向有没有危险或是有没有食物。当"羊群效应"用于心理学中来描述人类本能反应时，其实也就是我们平时所说的"从众心理"。

一般来说，这样的制造热销氛围更适合微信群，因为朋友圈里面很难凸显出来，而在微信群里就能够凸显出来。

群成员在群里面一看大家都一个个接龙购买，他又觉得价格合适，就会跟着接龙。在营销过程当中，如果运营者合理利用这种盲从心理，就有可能大规模地拉动商品整体销量。人们常常随大溜而动，哪怕跟自己意见全然相反，也会选择否定自己的意见跟随大众的方向，甚至是放弃主观思考的能力。

这里需要注意一点：尽量不要在朋友圈发一些自言自语制造氛围，比如，"刚上架5个小时，已经抢购了4800件"。因为朋友圈里发的内容下面的评论只有共同好友能看到，但是做运营的很少有共同好友。运营者来一个"订单都已收到，这就发货"，这种自言自语的方式之前还好用，后来有一些明明朋友圈状态没有人评论还自言自语。如果想要展现这种氛围，可以把这条朋友圈状态截图，然后发截图，写上"订单已经收到，快速发货"等，给他人一种有图有真相的真实感。

什么样的活动营销才能促进朋友圈销量

想要促进朋友圈销量，还是离不开影响活动，那么在微信朋友圈里，什么样的营销活动能够刺激消费者的消费行为？什么样的营销活动能够提高产品的销售人气呢？

第五章　变现：终极目标，实现信任变现

活动一，折扣活动。

折扣活动一直是营销活动的主力，消费者为什么从你这里买东西，肯定是你这里的价格要比其他地方更划算。同样价格，你这里的活动要比别的地方更优惠。

举个例子，我们很多人喜欢在外卖平台点外卖，因为外卖平台都有满减活动，同一家店，线上买40块钱减10块钱，线下没有活动，那肯定还是参加有活动的。所以，折扣活动一直是消费者特别愿意参与，而且是主动参与的营销活动之一。

折扣活动相对来说能够创造出"薄利多销"的机制，有利于刺激消费者的消费欲望，能够提升商品的竞争力。与此同时，也产生了一些坏的影响，比如，降低品牌形象，降低商家的市场活力能力，导致消费者不愿意购买正价商品，造成未来市场需求的提前饱和。

正因如此，一些商家就做出了在折扣活动开始前把价格标高的不光彩行为。社会新闻曾报道过一位女士买了某品牌保暖衣，觉得质量好价格好，想趁着"双十一"再给自己的父母也买两套，看到"双十一"优惠活动还以为能够买到更便宜的保暖衣，结果，商家不知道什么时候提价了，买回来的价格竟然和她之前买的差不多，也就是说，以打折优惠的名义，实际上还是原价卖给消费者。最令人诧异的是，平台多家商家都是这么做的。

商家在策划活动的时候应该注重以下内容：

折扣幅度策划。就是折扣浮动变动，如果打九折，实际上并不能引起用户很大的关注，折扣至少在五折，才能引起用户的关注。

155

助兴活动策划。强化促销活动的感染力，就是和折扣活动同时进行的，能够让活动变得更加有趣的助兴活动。

折扣主题策划。没有什么折扣是突然的，都是有理由的，比如商家几周年庆、商家回馈用户、商家预祝××胜利之类，然后发起折扣活动，有意识地引入主题内容。

联合打折策划。就是给商品折价留下很大的空间，比如，只购买一件商品是原价，但是购买第二件就会打八折等，这种形式也十分吸引人，而且对于商家来说，利润更高。

折扣类型策划。就是要划分类型和应激型的折价，比如，某款产品打八折并没有用户关注，当即再发折上折消息，就会吸引更多用户关注。

总之，折扣优惠永远是一个开口，一是引来用户关注、激发用户下单的开口；二是产品优惠之后，同款产品很难再原价销售的开口。这两个开口一个是折扣有优惠带来的利，一个是折扣优惠带来的弊。所以，在折扣活动之前，一定要做详尽的准备。比如，大批量的商品尽量以八九折的价格出售，为的是以后不影响原价出售；少量的商品，比如不可能再进购的商品可以四五折出售，而且用这类商品做主打，吸引用户等。所以说，折扣优惠的营销活动也要具体问题具体分析，不同用户采取不同措施。

活动二，节日活动。

也就是节日促销，比如元旦、端午节、中秋节、国庆节，这些传统节日会吸引大量的用户流量。可以吸引用户关注，在短时间内获得很好的传播效果，从而达到促销的目的。

节日促销有一个重要的前提，那就是微信朋友圈的客户管理机制：一是通过客户所买的商品来了解客户买了什么，了解客户购买商品的价格；二是通过客户买的商品积累回头客，进行精准营销。

一般来说，节假日活动的根本还是促销活动，只不过是遇到节日可能很多用户会为了生活更有仪式感等理由去消费。

除了节日之外，还有运营者自己启动"会员日"，就是每年有固定的一天作为会员日，在这一天，商家的所有产品都打折，对于非会员和会员一定是不一样的折扣。这时要突出会员，让更多非会员用户积极主动地加入会员。

活动三，促销活动。

可能读者有点纳闷，这说来说去不都是促销活动吗？是的，无论是折扣优惠还是节日、会员日，实际上都是在促销。但是，在市场竞争激烈的今天，只有靠这些促销活动让老客户拉新，让老客户带动产品销售额。促销的具体方式有奖励促销、满减促销、积攒促销等，之前我们说的折扣促销也是其中一种。

方式一：奖励促销。奖励促销就是在开展活动的时候给用户带来好处，如返现、抽奖等。比如，在活动中老用户拉一个新用户就可以直接返现 10 元，这个返现金额根据产品价格来定，或者是，老客户拉一个新客户就可以参加一次抽奖，大到一件产品，小到一包纸巾，还有虚拟奖品，比如会员积分等。

方式二：满减促销。满减促销就是用户在店里购买商品达到一定金额的时候，可以直接享受某折扣或者是满减，比如购物满 299 元减 50 元之类，一般来说，作为私域流量运营者满减尽量给用户带来冲击，不要满

1000元减10元，让用户感觉不真诚就不好了。既然是活动就要做得大一点，能够让用户感受到诚意，并且让他们觉得买了就算是赚到了。

方式三：积赞促销。就是转发某个活动到朋友圈，然后集赞数量达到要求就会享受促销的活动，比如得到一份小礼品，或者购买某款产品立减多少元，总之，就是鼓励用户在自己的微信圈转发集赞。这个活动一直都是比较好的，比如一些教育机构有集满多少个赞就能免费获得多少课时的课程，然后这个赞数一般都是普通人只要转发，鼓动身边人点赞就能够获得的。所以大家都非常积极地参与。这种方式能够达到宣传商家品牌和产品的效果。

想要在私域流量运营中快速变现，营销活动不能少，对于用户有吸引力的营销活动，能够快速将用户变为客户，并且能快速提升转换率，达到变现的目的。

第六章

小程序：看小不小，私域领域常用的运营手段

互联网营销拼到最后就是流量。但是，随着网络、App和自媒体平台等引流平台的发展，线上用户增长红利已经趋于饱和，大家在微信公众号再也不能那么容易就拿到流量了，在公域流量的自媒体平台引流也越发艰难。这时候，小程序作为一个新生物种，依靠着微信强大的流量池，作为一个上下衔接的工具，给更多运营者提供了私域领域的商机。

6.1 完善小程序，打造私域流量池

有很长一段时间，一些创业者、运营者都有一个问题"我到底要开发一个 App 还是小程序？"如果财力雄厚，其实两者都开发最好。但是，我们也清楚开发一个小程序几万元就够了，可是开发一个 App 却需要很大投入。所以，对于大部分普通运营者而言，还是选择小程序更加稳妥。

小程序要比 App 更适合运营者，首先，小程序有一个以微信流量池为背景的大流量池，比较容易通过小程序引流到自己的微信个人账号；其次，小程序对于用户来说更便捷，不需要下载、注册或者其他操作，微信一键登录，想用就用，不用就删，用户喜爱；最后，小程序的操作非常简单，但是效果却一点不比 App 差。因此，运营者在私域流量运营过程中必须将完善小程序提上日程。

红海竞争下，如何让用户主动分享

在微信小程序中是不允许诱导用户分享的，在微信"运营规范""行为规范"里面，明确地指出了不能诱导分享。不过，你只要仔细阅读，会发现，这条知识要求运营者不能在小程序页面对用户进行诱导分享，但

是，在其他地方比如公众号、线下等，微信小程序没有做出要求。当然，微信小程序没有管理权力，运营者想要鼓励分享小程序还是需要很多渠道和技巧的。

这里要说一点，其实很多用户也非常愿意使用小程序。举个例子，便利蜂有自己的App，便利蜂在微信里也有小程序，一般在便利蜂购物结账的时候，你会发现，大多数顾客都会直接点开微信使用便利蜂的小程序，而真正打开便利蜂App的顾客占比很少。一是小程序也可以享受App的各项活动；二是小程序方便不占地，用户没必要再给手机增加压力下载一个又一个App。

不仅是像便利蜂这样的线下店扫码结账，包括网购，很多人都喜欢直接在程序上购买产品。笔者经常购买书籍，之前在京东、当当等电商平台买，后来发现自己购买书籍的店铺实际上有它的小程序，就感觉特别方便，直接通过这家店铺的小程序完成购物行为。

方便简单，并且书店小程序也总有优惠，购物体验非常好。大概就是因为自己的购物体验不错，所以就会主动将店铺小程序发送到朋友圈，纯粹地想要分享。

所以，一个商家如果能把自己的小程序做得便于用户使用，实际上是能够被用户主动转发分享的。对于如何分享小程序，线上、线下的活动是最好的，有实体店的老板就可以直接让进店顾客扫码关注小程序，没有实体店的运营者可以用优惠活动等信息吸引用户关注小程序。把小程序发给自己的好友，让更多的朋友帮助你转发分享，也是不错的渠道。

不过，现在所谓的朋友关系，很难去界定，他是不是真的帮助你，因此，最妥当的方法就是运用营销活动、促销活动等信息吸引更多用户关注。

把小程序分享到微信群有用吗

这个问题在提出的时候，实际上已经给出了答案，那就是——有用。运营者可以把自己的小程序直接转发到微信群：

第一步，进入需要分享的小程序页面；

第二步，点击页面左上方的"插图"按钮；

第三步，在弹出的菜单中点击"转发"按钮；

第四步，出现"发送给朋友"界面，选择转发的微信群；

第五步，当你看到小程序的链接作为聊天信息出现在目标微信群，你的转发就成功了。

这里面要注意一点，有些微信群不能转发，一是你作为成员，有群主明确告知"群内不准转发小程序、广告等"的群；二是你作为家长，孩子所在的班级群（家长讨论群还是可以发的）；三是你作为职场人，工作群一定不要转发小程序。

通常来说，利用微信群推广小程序有两个策略：

策略一，追求数量。微信群里面的朋友，实际上和你并不算真正的朋友，大家也没有互加微信号，只是因为志趣相投等原因在一个群里存在。这时候，你发一个小程序，这个小程序与这个群成员的爱好相符，就会有群成员点击。追求数量的意思是，点击小程序的群成员未必会成为你的客户，但是，在数量上却又具有一定优势，可以最大限度地扩大宣传面。

作为一名运营者，如果花费很多时间和精力发送到可能只有数量的微信群，最终浪费的是自己的时间和精力，因为只注重数量，转发是收不到良好效果的，点击的群成员也不会因为点击之后而成为你的用户。

策略二，以质取胜。这个策略相对来说要比追求数量更值得你花时间、精力去做。比如，你进入特定的群，或者你自己作为群主的群，发送小程序，在你的群里很多人都是你的用户，所以，你发送的小程序在某种程度上会被更多人关注，并且留存。这一策略的缺点就是没有数量，可能对于你想要提高小程序知名度比较难，毕竟是追求质量，数量上肯定要有所缩减。

总的来说，如果你的小程序是为了提升知名度，那就选择追求数量的转发方式，如果你的小程序就是为了激发精准用户购物潜能，那就选择以质取胜。

当然，小孩子才做选择，成熟的运营者不做选择，什么都要。所以，你可以把自己的小程序发送到除了必须规避的群之外所有的微信群，无论在数量上还是质量上，我们都选。

为什么需要小程序和公众号关联

小程序运营者在微信平台宣传的途径有三个，其中二维码更多的是提供线下入口，分享功能是直接分享到微信朋友圈或者微信群，只有公众号可以将小程序推荐给更多陌生人。由此可见，公众号是作为小程序推广方式中最能将小程序推荐给更多陌生人的方式。小程序如何与公众号关联并且推广出去，这里介绍三个小程序入口：

第一个，菜单栏跳转。公众号菜单栏可以跳转小程序，相当于在公众号里面加了进入小程序的渠道。这一点大家都不陌生了，一般打开公众平台，下面都会有两到三个菜单栏，用手点击菜单栏就会出现相应的内容。运营者在菜单栏里设置小程序的步骤如下：

第一步，打开微信公众平台；

第二步，在"自定义菜单"界面增加"小程序"选项；

第三步，在右侧"跳转小程序"板块选择你想要展现的小程序；

第四步，执行之后，点击页面下方的"保存并发送"按钮，就可以生成类似超链接的菜单选项。

第五步，你回到公众号页面，点击一下关联小程序的菜单栏，如果出现了小程序，就说明添加成功。接下来，只要受众关注了你的公众号，点击了菜单栏，你的小程序就会出现，这是比较容易的，而且小程序会长期存在。

第二个，图文消息设置。和上面公众号菜单栏可跳转小程序是一样的设置，只不过这是要设置图文消息，然后把小程序的链接插入图文消息设置里。第二个入口不如第一个入口直接有效，但是，第二个入口有一点好处，就是即便对方不关注的你公众号也会收到你的图文消息，从而点击进入你的小程序。

第三个，发送关联通知。发送关联通知要特别注意，关联小程序通知只能发送一次。虽然发送关联通知能够直接、便捷地让用户知道你的小程序已经与公众号关联，关注公众号就能轻松找到小程序入口。但是，因为是仅此一次，所以在用的时候一定要选好时机，尽可能地让这次关联推送发挥更好的引流效果。

既然分析出了需要小程序和公众号关联的原因和方法，如何灵活运用并且举一反三才是重中之重，接下来以安德玛作为快消品为例，上汽作为慢消品为例进行分析。

先来看看安德玛是如何通过小程序和公众号关联的。安德玛也拥有自己的公众号。建立之后便是引导，快消品和慢消品不同，汽车可能几年内只会买一辆，但是衣服一次性可能会买很多，或者是一个月内重复购买几次，都是有可能的。那么此时门店对会员的登记和划分就非常重要了，在登记客户信息时，还要区别划分出来哪些是活跃客户，哪些是路人客户，那么不管是什么样的客户，通过什么样的渠道，最后客户们都会被引导到安德玛的公众号上，建立起自己的私域池。通过公众号图文和公众号模板消息引导到自己商城的小程序，进行转化。

再来看看上汽。上汽已经拥有了自己的公众号"通e行"并且建立了自己的小程序"通e行管家"。因为微信的生态圈非常丰富，所以我们可以有很多种办法引流，例如，在顾客购买汽车的时候引导，或者是促进软文的发布，引导人们搜索关键字或者直接关注。不管通过何种渠道，最后我们都要将流量引导到公众号与小程序中，并且在其中运营小IP"e通哥"，以此稳固上汽与用户之间的情感桥梁，增加用户黏性。

如何通过数据分析调整运营方向

笔者在本节介绍如何通过数据分析调整运营方向。现在运营者能够让更多用户关注你的小程序，但是小程序到底有没有对你的运营起到助力作用，有没有提升产品的销售额，有没有增进变现的速度，都是通过数据。

登录"小程序数据助手"能够查看相关数据，比如"数据概况""访问分析""实时统计""用户画像"等板块的内容。

通过对这些数据的分析，得出某一个时间段内小程序运营的效果，也能够看到下个阶段自己应该在哪方面进行优化。通过关注"小程序数据助手"，运营者可以非常方便地实时查阅小程序的相关数据，并根据数据的变化对相关运营策略效果进行评估，从而及时调整运营方向，将小程序的推广引向正确方向。

小程序数据就像是考试后的错题分析，我们一开始做小程序运营就像是做一张数学卷子，如果我们不去对照答案，可能会一直按照错误的思路学习下去，最后的结果是，学习时间越长，做题花费的精力越多，成绩越不理想。但是，我们中间停下来把卷子上的题目与答案对照，然后根据答案的思路再进行梳理，最后在思路正确的前提下，卷子才能做对，才有可能得高分。

运营小程序也是一样，一定要在运营过程中，停下来对小程序近一段时间的运营数据进行分析，这有利于防止我们在错误的道路上行得更远，更有利于我们及时调整运营方向，争取更好的运营效果。

6.2　利用引流，将小程序深层传送到用户端

线上运营讲究的就是引流。流量关系到一个小程序的成败，流量大的小程序就是成功的小程序，没有流量的小程序已经宣告了它的失败。如何让小程序获得充足的流量呢？这就需要运营者学会抢占流量入口。这一节我们就来说一说那些值得小程序抢占的流量入口。

如何通过二维码为小程序引流

通过二维码扫一扫为小程序引流是最基本也是最具优势的。我们在一些比较繁华的地方，比如商场、公园、商业街等地，总能看到一张桌子边，两三个人在用力地喊着"扫码有奖励""扫码关注有礼品"，礼品也非常吸引人，然后，就会有很多人围着去扫码。关注小程序之后，就会得到一个还比较像样的小礼品。但是，这样通过二维码被关注需要投入一些成本。

还有不需要投入成本的方法：

商家有线下店，直接把海报贴在店门口，扫码有优惠、扫码加会员有优惠，只要是想要用户扫码，必然要给出用户一些好处，不管是小礼品、

小样品,还是扫码之后的积分返现、满减等。总之,扫码关注小程序要比直接在实体店购买享受一些优惠是诱导、激发用户扫码的必要手段。

商家没有写线下店,又不想投入更多的礼物成本,那就要在文案上下功夫。比如文案能够与用户产生共鸣,产生共鸣的关键就是要么戳中用户痛点,要么直接将用户焦虑写下来。引起共鸣的文案无须任何礼物、优惠,用户都觉得有必要关注一下。

发宣传单的时候,还是以关注小程序享受更多优惠为前提,如果用户觉得产品是他想要的,他就会关注小程序。但是无论哪一种,都要做到说话算话,该有的优惠和折扣一定要有所体现。

微信扫一扫是大家司空见惯的,扫一扫关注一个人,扫一扫关注一个群,扫一扫关注一个小程序,人们越来越习惯扫一扫,而这种方式也的确能够为二维码引流做出巨大贡献。

不过,一定要注意,不管是线下、线上、发传单还是其他方式引流,切勿恶俗。之前,有一个社会新闻报道,一个商家请来了二十多岁的女孩子们,女孩子们身姿窈窕,露出整个后背,用彩绘的方式在后背上画上了商家小程序的二维码,这个扫码活动最后的结果就是看的人多,扫的人少,即便如此还是被大批群众举报。这种恶俗的扫码方式的确会引发一时的轰动,但对于商家来说实际上是把自己的水平和声誉当成赌桌上的筹码,最终偷鸡不成蚀把米,即便对着女孩子们后背一顿乱扫的受众,其关注点也不在商家的小程序上。

我们要合规合法地进行扫码活动,最好通过促销活动、优惠活动吸引受众,这样用户十有八九是为了购买产品而被吸引,相对来说精准性更强，效果更好。

视频为小程序引流到底靠不靠谱

最近几年，抖音、西瓜视频、快手都很火，大家用碎片时间看视频成了习惯。视频相对于文字图片来说，表达上更为直观、丰满，而且随着互联网技术的发展，手机流量等因素也不再成为随时随地看视频的阻碍，可以说视频成为时下最热门的领域。

如何利用这个热门领域引流呢？一般来说，在电视广告、宣传预告片、网络视频、微电影、短视频等视频模式上引流应该是流量很大。视频有庞大的观看群体，对于网络营销来说，那就是潜伏在视频背后的用户群，想要把这些用户引流到自己的小程序，该怎么办？

其实，对于视频引流，最直接的方式就是制作和小程序有关的视频，比如制作一个如何通过"×××"小程序购买产品的视频。当然，如果只是PPT形式的视频，不仅看的人不多，而且关注的人也不多，一定要加入相应的故事情节，带动用户自发地看、主动地关注。

举个例子，一个卖衣服的商家做了一个小程序，可以通过视频引流：

第一步，找人或者自己写好一个视频脚本，时长一两分钟即可，时间太长很容易让受众还没看到最后就关闭了视频。

第二步，视频的脚本一定要有趣。比如"绿茶女同事想跟我抢男神，用女王反败她"，"小姑子难搞？一件衣服收服她"，像是这样的脚本，首先，会引起很多女性的自动代入，通过对自己家衣服的完美展示，让这个脚本逻辑上没有问题；其次，在趣味程度上吸引众多女性用户，因为是卖女性服装，精准用户就是二十五岁到三十五岁年龄段的女性用户；最后，这个看似胡闹的视频中的情节实际上是现实中常有的，而且能戳动一些用户的痛点，比如自己看上的男神要被绿茶女同事抢走，比如自己和男朋友的姐妹不好相处等等，这都是女性可能面临的焦虑。

当用户喜欢上你的视频，而你的视频又总是能够引导他关注你的小程序，就算是一次成功的视频引流。

温馨提示：这里面的小视频要具有以下特点：

一定要有趣、有说服力，看似无厘头但却是以现实生活为基础的。

一定要在小视频的中间插播主人公通过你的小程序，最终拿到了打败"坏人"的武器，或者让自己走向高光时刻的"法宝"。

切记要合法合规，不要恶俗，还是要以正常的大众审美来拍视频。

以这样的小视频传播小程序，要比直接在视频上打出小程序广告更容易被受众接受，也更容易引起用户的兴趣和关注。

其他能为小程序引流的方式

这一节我们来讲三个引流小程序的入口：

第一个，使用 Wi-Fi 引流。

这里的 Wi-Fi 是商用 Wi-Fi，家用的不谈。运营商、创业者都把 Wi-Fi 作为小程序引流的新入口，可是如何利用 Wi-Fi 引流呢？

商用 Wi-Fi 有一个前提，就是商家要有一家实体店。在顾客进入实体店之后，可以按以下步骤操作：

第一步，顾客进店之后，可以让顾客用手机连接 Wi-Fi；

第二步，Wi-Fi是不需要设定密码的，要扫码自主连接；

第三步，扫码进入商家设置的Wi-Fi主页，主页上显示的是小程序广告；

第四步，确认连接Wi-Fi，就可以享受高速上网服务。

看到这四步，可能读者有点质疑，这里面也没有能够直接引流的，只有第三步显示小程序广告。

的确，Wi-Fi引流有一个最大的弊端，就是显示小程序广告，却可以路过而不进。这时候，商家要用自己的话语引导用户关注小程序，比如说，"关注小程序享受优惠活动""关注一下吧，能立减×元""关注小程序，可以送货到家"等，这时候，用户可能会被这些语言所引导，然后直接点击进去，一键登录。

所以，Wi-Fi引流最终的激发点还是在所能享受的优惠活动上，但是，Wi-Fi连接过一次是有记忆的，相对来说对于用户的心理暗示比较强。

第二个，论坛引流。

很多人又开始发出质疑，现在是互联网1.0时代，谁还用论坛。其实，论坛一直都在，只是没有以前那么火了。不管是天涯还是虎扑，基本上都已经到了销声匿迹的地步，可是你有没有发现，专业的论坛却一直都存在。比如，垂直领域的某个专业论坛，不会因为时间原因而销声匿迹。如果你的小程序正好也是垂直领域，专业性非常强，在这类论坛上依然会有很大的用户群体。

总的来说，论坛的确不像前些年那么火爆了，但是，不火爆也有一个优势，那就是竞争不那么激烈。比如，你把小程序发布到知乎上的优势就是用户多，但是发布到论坛的优势就是竞争力少，而且因为论坛发表内容相对比较少，所以很多人有帖必看，相对来说转化质量更高一点。而且，论坛还可以引来话题，大家进行讨论，人不多，但精准。

第三个，使用 APP 引流。

这里的 APP 是指一些手机软件、SNS、社区等平台，将里面的受众引流到小程序，比如知乎、豆瓣这样的 APP，一般来说，想要从 APP 进行引流要注意以下几点：

第一点，要能够满足用户需求。引发用户心理互动，才能够最大限度地引流。在产生互动的前提下才有引流的可能，如果发进去没有互动，基本上引流的效果也不会太好。

第二点，精准定位人群。这不能像大海捞鱼一样，捞到什么算什么，而是要大海钓鱼，虽然不容易，但是钓上来一条是一条，根据大数据分析，挖掘消费者的内在需求，明确地知道自己想钓的鱼想要吃什么鱼饵，就要准备什么鱼饵。

第三点，整合引流手段。就是多种方式、多种体验，给消费者带来突破性体验，这一点说起来好像挺简单，实际上最难。你的突破性体验到底能不能打动用户，实际上是一种被动，但是有万分之一的可能，我们就要投入百分之百的态度。

第四点，打造品牌形象。就是在知乎上打造一个自己的形象，让很多用户记住你，记住你传递的品牌理念，有什么相关的需求就能第一时间想到你的小程序，这一点是需要长期积累的。

其实，除了促销活动、优惠活动是及时迅速引流的方式之外，像是打造品牌形象、整合引流手段，相对来说都需要时间，是通过分析和尝试一步步积累起来的过程。

6.3 把握私域流量，让小程序变现

做小程序的目的就是打造私域流量，把一些公域流量引流到自己的私域，最后实现变现。想要在小程序里赚钱，也需要掌握小程序的变现技巧。比如，电商、知识付费、直播，这都是直截了当的小程序变现方式，这一节主要讲如何把握私域流量让小程序变现。

小程序+电商，有销量就会有收入吗

小程序最直观、有效的方式就是做电商。因为小程序电商销售产品，只要有销量就有收入，而且小程序做电商销售产品相对来说更容易。可是，如何以电商形式让小程序变现？

第一，借助京东、天猫等大型电商平台的小程序来销售商品，这样的方式比较容易让用户信任，但是，有一点，我们做的是私域流量，想的就是如何从公域流量平台上面捞流量，现在我们还是通过公域流量平台小程序的话，如何从这些大型电商平台小程序将用户引流到自己的微信里，又是一个比较复杂的过程。

第二，打造自己的小程序电商平台。打造自己的小程序可以引入用户到自己的私域流量。自己的小程序所面临的最大问题就是可能流量没有京东等电商平台小程序多，但是，这里面的流量每一个都属于自己，所以只要吸引到位，让用户实现买卖行为，基本上就不用担心流量流失。

第三，以赠送礼品为外衣，让用户成为付费会员，成了会员，用户的黏度就很高了。但是，这里面有一个难题，就是用户成为会员都需要长期引导，更不要说成为付费会员，除非成为付费会员能够得到的价值更大。比如，普通人正价购买的商品，会员可以享受九折优惠，但是付费会员则可以六折购买，这样的力度才能够吸引用户直接购办付费会员的身份。

第四，用户线上购买的产品可以自行线下店铺领取。用户可以在线上享受优惠，线下领取，实际上对于很多用户来说，这种模式反而不如线上享受优惠，快递接收，所以，小程序电商变现，就要有个电商的样子，那就是既然线上服务，就要服务到位。

小程序+电商不是一个短时间能做好的事情，就以大家都熟悉的大型电商淘宝为例，淘宝刚开始的时候，很少有人选择淘宝购物，因为大家不信任，不觉得把钱付了，产品还能送到家，当然，那时的快递也并没有像现在这样迅速，总之，淘宝现在的繁荣都是一步步实现的。

所以，想要"一口吃个胖子"的运营者不要走这条路。私域运营本身就是一个需要时间、需要积累的过程，你的产品、服务到位，你的小程序操作方便，就会慢慢地有了口碑，像滚雪球一样，你的电商就会越做越大。同样，如果你急功近利，非常着急，不把时间和精力用在产品、服务上，整天想着如何一下子就流量百万，实际上，打造私域流量在你这里就会变得更加困难。

谁都是从不知道、不认识到接纳，再到主动传播，尤其是对于电商来说，我们卖的产品，自己知道产品的质量如何，但是对于受众来说，他们在没有使用产品之前，对产品处于一无所知的状态，如何让他们尝试第一次就非常重要，第一次之后，如何留住他们也非常重要。

小程序只是一个工具，一个打造私域流量的工具，一个实现私域流量变现的工具，所以，最终的落脚点还是在于你的产品和你的服务。同样，如果小程序运营得好，的确会带来事半功倍的效果。

小程序＋付费，优质内容能否赚到钱

说到知识付费可能想到的有得到、喜马拉雅等APP，其实除此之外，很多小程序也是非常适合的，比如千聊，它的主要模式就是"收费直播＋赞赏＋付费社区"，通过捆绑销售来提升收益，用户付费意愿非常强烈。

付费知识平台主要靠售卖知识，所以一定要创造具有价值的内容。但是，不要把这里面的内容等同于K12教育，这里面的所有知识都是对于成年人的知识，比如，如何提高情商、如何学会讲话、如何打造写作副业、如何让自己的社交能力更上一层楼等，这里面的知识都是对于现在年轻人非常重要的知识。这里面的知识也直接戳到了用户的痛点，展现了用户的焦虑。

为什么要上一个知识付费的平台花钱买知识？这是因为我们知道这里的知识对我们有一定用处。一个刚刚走入职场的新人，他所焦虑的是如何在职场上站稳脚跟，如何融入职场，或者面对职场里面倚老卖老，以自己经验多而欺负新人的老员工，该如何相处，这些职场问题，去哪里问？就是会寻找这样的课程。所以，知识小程序+知识付费要做得更专业，就像是我想听情感类的知识讲座就去对应小程序，我想听职场类的知识讲座我去点击对应小程序，或者我想学会如何更专业地制作PPT我需要去对应小程序。

但是，专业的前提还有，小程序必须有人气，没有人气的小程序很难存活；小程序必须有原创内容，到处剽窃来的内容很容易会被用户抛弃；小程序必须价格适当，不要说一节课的价格吓走一批人，要循序渐进地涨价，但是在小程序出现之处，用优惠价格吸引用户还是非常必要的手段。

知识付费是现在一个非常流行的课题。前阵子，一个在知乎有着数万粉丝的大V发了一条正在和得到相关人员探讨课程的朋友圈，大概三四天后，这位大V又发了一条，内容是推荐他的理财专家，因为理财专家足够专业，让他能够按时地付"得到"的学费。一个本身就已经是大V的用户，还继续在"得到"交学费，说明学习知识是无止境的，所以，不管是什么人都需要后期的知识填充。

因此，小程序+知识付费是一个变现的好模式，需要注意的是，你要扩大小程序的影响面，提升小程序的知名度，更要把控好小程序中知识付费的内容和价位，只有好的内容，才能吸引更多用户愿意花钱在你的小程序买课程。

小程序+直播，为什么不卖东西也能获利

直播，是风口。

直播带货更成了大风口。

不过，直播产生的很多不是非常好的价值观，比如"学习不好没关系，将来直播当网红""直播赚钱快，比上班强多了"……总之，直播是非多。所以，如果是小程序+直播，还是要慎重选择直播内容，毕竟比起赚快钱，你是在打造自己的私域流量，不要为了一时的快钱毁了自己的名誉。

言归正传，比起传统营销方式，直播的互动性更强，如果小程序运营者能够用好粉丝经济，那么，即便不卖东西，也能获得一定收入。因为，一般直播还有"打赏"，这方面真的让很多人趋之若鹜。但是，如果是小程序+直播，就需要注意以下几点：

第一，是作为运营者的你亲自直播，还是选择拥有一定人气的主播。自己直播，前期准备工作要做好，切勿一上来就翻车。想要选择人气主播开直播，要有成本投入，但是，对于一个小程序来说，有人气的主播能够在最短时间内扩大小程序的名气，也就是说，你所投入的成本实际上也会转化为流量回馈于你。

第二，要能够通过直播获取流量，还可以通过直播带货变现。相对来说，直播因为更能主观地看到产品，所以用户更加喜欢。但是有一点，现在直播软件非常发达，一个人在五级美颜之后基本上他的亲朋好友都不认识他了，所以，产品在美颜的作用下看起来更美。这就要求运营者一定要做好产品的把控，让产品看起来很美，到达用户手中更美。

第三，主播一定要懂得带动气氛，吸引用户停留，刺激用户购买产品，这样通过庞大的在线观看数量，就容易带动更多用户进入直播间。

第四，运营者要在直播中为用户提供更便利的购买渠道，比如"上淘宝链接"等电商平台的链接，或者电商小程序的链接，总之，让用户在被激发起购买欲那一刻，顺势发生购买行为，增加产品成交率，实现流量变现。

第七章

抖音：新的机会，庞大和极具吸引力的私域流量池

这一章，我们来讲一下风口，目前真正的风口——抖音。

抖音在这几年的发展非常迅速，不管身处哪个行业，都能够面对火爆的短视频潮流。抖音上面有很多千万级粉丝的主播，他们用实践证明，只要跟得上时代发展，积极做出改变，只要跟着风口移动，就一定能够在私域流量上做出成绩。

虽然"学习不好没关系，长大当网红开直播"的观念是错误的，但也足以说明抖音等直播软件的确能给更多人以希望。作为运营者，又该如何更好地利用抖音打造自己的私域流量池呢？

7.1 抖音引流让效率翻倍

抖音短视频自媒体影响力越来越大，而且用户越来越多，私域流量经营者不管如何都不能放弃这么好的流量池，要在这个流量池里捞流量。短视频如何带动引流，短视频能否吸引更多用户成为私域流量的一分子，这些都是运营者应该关注的问题。本书这一节通过介绍短视频引流技巧来告诉你，通过抖音，真的能够轻松引流吸粉。

硬广引流还有效果吗

现在，硬广告引流还有效果吗？其实是要分平台的，如果在其他公众号等平台上，硬广告引流不太容易实现，但是在短视频中就有一个有效的方式，叫作硬广告引流法。

硬广告引流，其实就是在短视频中直接进行产品或者品牌的展示，也不用投入非常大，只要有能够拍摄短视频的设备，一款手机就够；有能够制作后期的软件，这种软件有的非常容易上手，只要会玩手机基本上就能够操作。

产品展示，最简单的就是图片轮播，把之前的产品图片以及相关效果图片拼在一起。举个例子，作为一个卖减肥代餐食品的商家，肯定要有一些图片，比如，某个女性消费者吃代餐产品之前体重是150斤，坚持吃了两个月之后，体重是110斤。一个人150斤的时候和110斤的时候判若两人，所以就会有一些反差明显的照片，把这些照片以及产品照片，甚至是与用户交流的照片、好评照片等，按照逻辑拼在一起，再加上背景音乐，整个视频虽然只有一分多钟，但是很吸引人。

除此之外，就是直接拍摄，先把脚本写好，按照脚本拍摄。为什么拍摄产品也要脚本？实际上就是为了保证拍摄的逻辑性，先展示产品的哪一部分，再展示产品的哪一部分，都给用户展示清楚，让用户一目了然，对产品也有了更全面的了解。

如果不希望在视频里展现出过分强烈的销售欲望，可以打造一些有趣的但实际上是在销售的视频。比如拆快递，一个主播拿着快递箱子，跟受众介绍这是买来哪一款产品大家一起来拆箱。这里需要注意一点，不用每次都拆自己家的产品，偶尔拆一些真的快递产品，引发一个槽点也是非常好的模式。

这样的原创视频很多人愿意看。笔者之前看过一个视频，主播是一个大男孩，非常有趣的是，他讲解视频一开始好像都不是产品视频，就是一些玩具测试、游戏测试。最后，他会有一个动作，就是去卫生间洗脸，然后用一款洗面奶。所以，他推荐的产品就是那款洗面奶，每天玩电脑、开直播到半夜皮肤还很好，就是因为用了那款洗面奶以及相关护肤品。

不得不说，视频真的很吸引人，而且那款洗面奶价格不贵。每次视频最后，他都用洗面奶洗一把脸，一次两次，大家不在意，十次八次，总有人觉得好奇，他几乎发了上百个视频，一半的视频到最后都是在用这款洗面奶，不仅把产品展示了，连产品效果都展示了。

所以说，打造原创高清视频，哪怕是硬广也会有很多人愿意看。有趣的视频会增加用户收看率，比起单调的图文，视频成为现在用户更喜欢的阅读方式。

蹭热点会获得高曝光率吗

蹭热点肯定会得到高曝光率，比如利用以下方法：

利用抖音热搜引流方法一：视频标题文案紧扣热点，提升搜索匹配的优先级别。可以理解为把热词放进标题，做一个"标题党"。比如，《山河令》播出的时候，大家都沉迷于CP，很多CP党只要是相关的标题都会点击进去看一看，为了引起更多受众的点击，在标题里面标有"山河令 龚俊"就成为引流方式。

利用抖音热搜引流方法二：视频话题与热词吻合。以防万一，就直接根据热点事件写脚本，播出来的一定是大家关注的热点话题。比如，最近的热点话题是一些女性到底该嫁给爱情还是嫁给现实。实际上这一直以来是很多女性面临的问题。以这个话题为切入点，有两种表达方式：第一种表达方式，纯口播，通过有意思的言论来讨论这个大家都十分关注的问题；第二种就是演绎出来，有人说只有一个人怎么演？抖音上有一个东北四哥，他就是一人饰演了家庭的所有角色，儿子、爸爸、妈妈、奶奶，就连串门的七大姑八大姨都由他一个人饰演。正因如此，大家更喜欢看，他演的都是一些家庭矛盾，是生活中的鸡毛蒜皮，但是点击量动不动"100万+"。

利用抖音热搜引流方法三：选择BGM，这个观感有如你去看哑剧和看戏剧，哑剧就是安静的，很容易让人看得云里雾里，并且犯困，但是戏剧不一样，有台词，有背景音乐，有高潮，总之，看下来觉得十分精彩。

利用抖音热搜引流方法四：账号的名字采用热词，这样有利于受众一搜热词就把你的账号给搜出来，但是有一点劣势，就是如果选择热词不当，可能就会给人一种非常讨嫌的感觉。

曝光率大幅增加的同时，我们需要受众关注，并且愿意收看我们任何短视频，而不是搜到名字的时候就觉得我们三观不正，直接被抛弃。因此，引流方法千千万，切勿以恶俗、扭曲三观的方式来获得受众关注，跳梁小丑，最终只会被嫌弃。

这里要说一下，蹭热点能够增加曝光，但是蹭得不合理也不行，比如，很多时候我们会看到一些三观不正的视频。举个例子，海南红衣女子坠楼事件，如果只是报道新闻评论一下，在当时能获得非常高的点击量，然而总有一些网红三观不正，他们对于这个事件的点评让人非常反感，于是就被举报了。

再举一个大家都知道的例子，殷××的求婚仪式，据说一晚上赚了1300万元，但是被23万观看者举报，从此，他的快手号要被封23万年。举这些案例是为了告诉运营者，我们可以蹭热点，但一定要好好地蹭，不怕你语出惊人，就怕你三观尽毁，要知道网友都具有判断三观的能力。

为什么一定要做原创短视频

为什么一定要做原创短视频，这句话里面的"原创"尤为重要，在知识版权越来越被重视的现代，原创短视频和原创文章一样，具有强大的影响力。

一般来说，抄袭的视频是会被唾弃的，以电影电视剧如果抄袭还会惹上官司，但是原创就不会，为什么做原创，因为原创出来的东西才是自己实实在在的东西。

但是，在抖音，很多内容是抄袭的，比如情感类的短视频，我们可以看到很多账号在演绎，但是你又觉得十分熟悉，翻翻抖音，果然，自己在另一个账号上也看过。这说明什么？抖音的主播们也许各有不同，但是脚本都是一样的。记得一个脱口秀演员曾说过，"你都不知道那些直播平台的主播多过分，在线下看了脱口秀节目，就把段子当作自己的用，在直播平台肆意传播。"写一个段子的难度是非常大的，但是有些直播平台的主播没有写段子的能力，靠的就是抄袭。

我们作为私域流量的打造者，尽量不要用抄袭的方式。做直播，还是尽量要有自己的原创内容，并且符合以下条件：

第一，保证视频场景、画面的清晰度。

第二，记录自己的生活需要内容健康向上。

第三，多人类、剧情类、才艺类都可以，但要讲究合法合规，不恶俗。

第四，哪怕是自己的一个账号，所展现出来的风格也可以多样性，这样受众才不会审美疲劳。

所以，运营者在制作原创短视频的时候，谨记上述原则，做出让用户更喜欢的短视频，获得更多的推荐及点击量。

如何打造稳定的粉丝流量池

打造稳定的粉丝流量池实际上是鼓励运营者做抖音矩阵，说到底就是让运营者多开一些抖音账号，一个账号要管理，十个账号也一样管理，因为账号多了，所以触达的面就广了。举个例子，"华为"正大品牌在抖音上有一个主号，粉丝大概是370万，除此之外，还有"华为终端""华为云""华为AI生态""华为智选""华为企业服务"以及"华为终端云服务"等不同定位的抖音账号，每一个账号所面对的受众实际上是不一样的，面对终端的、面对终端云服务的、面对企业的内容也肯定不同。

建立抖音矩阵要注意：

第一，注意账号的行为，要遵守抖音规则。其实，建立一个抖音账号也应该如此，不仅是建立抖音矩阵需要注意。

第二，一个账号一个定位，每个账号都有相应的目标人群。就像华为一样，面对终端的、面对企业的等，作为普通运营者可以根据自己的产品进行不同账号的定位。

第三，内容不要跨界，小而美、小而精的内容是主流形式。这句话的意思就是内容一定要专一，在垂直领域中不要跨界，因为越是跨界越难以留住垂直领域的精准粉丝。

笔者也要提醒运营者，一个抖音账号是一个人可以运营的，但是十个抖音账号就不是一个人的事情，而是一个团队的事，如果你没有足够的能力组建一个包括至少 2 名主播、1 名拍摄、1 个后期以及 1 个推广营销人员的团队，就只做一个抖音账号。

还有一点，多开一些抖音账号，名字可以不一样，但是内容可以一样，就是把所有关注视频内容的用户囊括进自己的抖音账号。

7.2 在私域流量池引入精准粉丝

运营者开通抖音号，拍摄短视频到抖音平台，然后获取大量粉丝，接下来就是如何把粉丝导流进你的微信号。这样看来通过抖音平台引流十分有效，将抖音流量沉淀到自己的私域流量池，获取源源不断的精准流量，降低流量获取成本，可实现粉丝效益最大化。

运营者都希望自己能够获得精准的私域流量。要通过抖音平台在私域流量池积累私域流量，方式和技巧极为重要。当抖音用户关注了你的账号之后，就要想办法把这些用户圈养在自己的流量池中。接下来，通过不断的导流和转化，让这些用户从单纯地关注你的视频到关注你的产品，通过内容运营巩固用户的专一度，并且吸引更多的粉丝。

只有长期不断地输出好内容，才会让私域流量池里面的用户越来越多，你也就离流量变现越来越近。

第七章 抖音：新的机会，庞大和极具吸引力的私域流量池

如何在抖音建立私域

抖音目前已成为新的电商引流工具，用户存量大，类型广，浏览速度快，平台信息推广算法与用户使用习惯有很强的关联性，可实现有目标性的精准推送。

第一，品牌人设统一化，强化品牌形象。品牌在抖音短视频方面，为了获得更好的发展，会通过 IP 化和品牌化来打破商业壁垒。要知道，平台更乐意给 IP 导流、补贴和商业化运营。此外，该品牌还可以通过短视频创建生动的 IP，吸引粉丝加入个人官方账号和微信粉丝，并在培训部分粉丝后，吸引私人粉丝流入私域流量池。例如，汽车、家居装饰和奢侈品。此类消费者关注品牌的全方位体验，包括活动、社交网络和个性化。品牌应努力打造专属顾问形象，持续提供专业内容知识，注重"粉丝互动"运作，全面立体服务粉丝，建立情感联系，缩短与粉丝的距离，促进交易转型。

第二，短视频内容引流。在内容为王的时代，品牌在抖音发布视频时始终要以内容为主。内容创业者应定位于品牌调性，持续产出竞品，形成品牌内容；内容要积极向上且充满正能量，有助于加强消费者对品牌的信赖强度。

拉高直播时长，提升流量获取，打造"日不落"直播间。

第三，主页搭建，建立私域流量沉淀窗口。主页相当于品牌形象，优秀的主页搭建能够树立良好的企业形象。包括企业资料设置，主页文字信

息突出每天直播信息，并且配置粉丝群入口，引导用户加入群聊；商家页面设置，使用商家模板、配置店铺活动、服务产品、特色服务，图片与账号主题业务相关性高，突出专业度，吸引用户注意力从而刺激用户留资转化；配置在线咨询的入口，引导客户到私信咨询、配置立即预约的留资卡片，便于客户留资，从而进行长效转化。

第四，直播＋福利引流。这是企业经营中常见的引流方法。企业可以在各种平台上建立品牌直播账号进行直播宣传。直播平台提供链接货架上产品或店铺的功能，可以鼓励消费者通过具有激励性质的直播内容进入私有域流量池。比如通过秒杀活动、满赠活动、福袋的方式来吸引用户关注且加入粉丝团。除此之外，可在产品包裹内放置回馈红包传单，吸引消费者添加个人账号，领取红包，完成引流。

自2020年起，泸州老窖开始沉淀私域，将注意力集中到线上渠道。它在抖音中，利用企业号的矩阵打造企业形象，进行酒文化的宣传和内容透传，同时通过私域完成小酒品鉴与线上直播销售转化。这一波操作使泸州老窖迅速进入了年轻人的视线中，吸引了更强的消费能力，大拨年轻人以追求品质为由进行消费，使泸州老窖再也不"老"，成功转型。

数据表现：

——直播间粉丝看播占比50%，看播时长较非粉丝高500%，互动次数较非粉丝高50%。

——粉丝GMV贡献占比83%，直播间老粉丝GMV贡献占比59%。

——粉丝群用户日均活跃度19%。

——私信、订阅号群发消息单日触达上万人次。

泸州老窖在私域运营中运用短视频、直播和广告导入流量；又利用主页搭建和旗舰店的结合，树立了良好的企业形象，沉淀流量；再通过私信和群聊的方式逐渐与客户构建良好关系，搭建高黏度的私域池。

从以上例子我们可以看出，首先私域的建立与引流都需要大量的粉丝支撑；其次要依靠客服给予粉丝们快速的回复，使用户增加黏性；最后是思想的创新，要实时跟进现代人的思想，与时俱进，敏锐察觉现代网络技术，并将创新思想与先进技术完美融合，推陈出新，才能达到最理想的效果。

如何在账号中展现微信号

在抖音里是不能大张旗鼓地展示自己的微信号的，但是，在账号简介中可以根据"描述账号+引导关注"的原则，设置自己想要展现出来的微信号：

技巧一：在简介中，前半句描述账号特点或者功能，后半句引导关注微信，一定要明确地出现关键词"关注"两个字。

技巧二：账号简介可以用多行文字，文字中一定要出现"关注"两个字，强化用户对你的关注。

技巧三：在简介中巧妙地推荐其他账号，不要直接引导加微信，也不能出现"微信"二字，而是通过拼音简写、符号等相关信息。

在抖音平台账号的名字里设置微信号是早期的导流方法。因为抖音对于名称中的微信审核非常严格，因此运营者在使用该方法时需要非常谨慎。同时，抖音的名字需要有特点，而且最好和定位相关。所以，输入名字的同时也要采取一些技巧：

技巧一：名字不能太长，太长用户不容易记忆，通常三五个字即可。

技巧二：要展现自己的人设感，看到名字就能联想到人设。人设包括姓名、年龄、身高、喜好等。如果是企业，也可以按照企业名称、品牌名称等背景设定。

怎样在视频内容里展现微信号

除了在简介里展现微信名字，还可以在视频内容里展现微信号。

在抖音视频内容中展现微信号，一般有以下几种方式：

第一种，靠背景展示出来，在背景里打上自己的微信号。

第二种，主播自己说，主播在适当的时候，自己口播插入微信号。

第三种，靠主播，但不是直接说，直接说的接受效果不是太好，所以，最好在话筒、衣服、饰品等地方打上微信号。

这三种方式能够让用户直接了解微信号，但是，切记不要直接在视频上加水印，因为一来会让用户反感，因为它影响了观看效果，挺好的视频被水印遮住了，谁都烦；二来平台不容易过审，本来很好的视频，非得打上微信号，抖音没有义务给微信做推广，所以，严重的会被直接封号。

还有，微信号尽量减少字符，毕竟在视频中插入微信号的目的是让用户很快关注并记住。

主播通过视频介绍护肤技巧的时候，可以戴着有护肤品LOGO的发卡，同样也可以在播放视频的桌子上摆上写有微信号的牌子，这样一来，受众可以直观了解你所卖的护肤品品牌，如果有意向，被你的视频吸引的用户还可以直接加你的微信号，这样一来就能够取得短视频引流的效果。

其他方式展现微信号

除视频外，还有其他方式可以展现微信号，我们来看一下：

方式一：在背景图片中设置微信号。刚才我们也说了，在背景图片中设置微信号不影响别人，而且不容易被封号，是一个不错的办法。

方式二：在背景音乐中设置微信号。这就要掌握技巧了，就像我们听喜马拉雅的一些节目的时候，比如在讲《小猪佩奇》的故事，讲着讲着，就会出现"感谢你收听××妈妈讲故事，关注××妈妈微信公众号，听更多故事"，其实就是让用户从喜马拉雅平台上直接关注××妈妈的公众号。在公众号有一个小程序就是专门给孩子讲故事，这样一来，就达到了从公域流量引流到私域流量的目的。背景音乐也一样，在一个恰当的点插入"关注微信号×××，获取更多惊喜、优惠"等加以引导。

方式三：在个人头像上设置微信号。这个系统也不容易识别，但是，如果不点开头像，可能受众也看不清楚上面的字，只能放大看。所以，效果不是特别好，就不讲具体操作了。毕竟，在抖音平台，抖音对于设置个人头像，管得十分严格，运营者还是要慎重。

头像有时候也决定了受众是否看你的短视频，在设置头像时需注意三点：

一是头像一定要清晰，不要给人一种模糊的即视感，让人很不舒服。

二是不要把个人账号的头像弄得和自己的账号设定完全不同，一般来说，将主播图片设为头像更容易拉近与受众的关系。

三是如果是企业或者是团体的人设账号，可以直接用公司的LOGO，团队领导者的头像，总之，能从头像体现出这是一个团队。

方式四：通过设置关注的人。运营者可以设置很多小号，将小号作为引导号，然后用大号去关注小号，通过大号给自己的小号引流。比如，大号相对来说关注的人多，所以大号导流给小号，通过大号养起来的人气给小号或者公众号导流，过程复杂但很安全。如果让抖音大号导流到公众号或者其他账号，抖音账号很容易被封号。

7.3 通过短视频实现多元盈利方式

在微商时代，转化率的数据是5%~10%，也就是说，100万的曝光量至少能够达到5万的转化率。这是非常大的转化率，但现在来说，曝光的概率是增加的，比如短视频这样庞大的数量流量风口，吸引力当然要比微商时代的曝光率更强，然而，转化率却不及微商时代。

很多人不愿意相信这个事实，可这就是存在的事实，因为现代消费者在互联网购物的时候，已经比之前理智许多，消费者不会因为冲动而下单，即便在冲动的前提下也会存有一丝理智。

当然，冲动消费也是常见的，比如很多抖音带货主播一场直播下来实现几十万甚至几百万的销售额，就是抓住了消费者的消费心理。我们不得不承认，通过短视频的确能够实现多元盈利方式。

怎样开通抖音小店

电商＋短视频，我们俗称直播带货，这样的结合方式有利于吸引大量流量。我们发现直播带货的人能力都是普通人望尘莫及的。他们的成功也不是一蹴而就的，也是打了好多年的基础，最后练就出一身带货本领。短视频＋电商，为什么能够有这么大的能量？

一方面，短视频适合碎片化的时间，而且有一个特点，就是你看一本书，看一会儿觉得时间漫长，但是看视频，你就觉得自己看了一小会儿，却没想到好几个小时都过去了，这说明短视频更吸引人，也更容易让人沉迷其中。

另一方面，短视频能够将产品三百六十度地展现在用户面前，即便是加了滤镜，但是大体上还是能一眼就看出来，好不好看，漂不漂亮，细节部分也都一览无余，所以更具有说服力。

短视频平台的卖家能够通过短视频卖货让用户关注，能够获得很高的人气支持。抖音不仅拥抱淘宝，加快了电商建设，而且抖音小店的出现也帮助了抖音运营者打造了自己的卖货平台。

一些对短视频平台运用熟悉的运营者，从发现抖音开通淘宝开始，就已经注意到短视频带货，并且收割了第一批流量红利。现在，通过抖音小店的开通，带给更多运营者带货平台：

首先，开通抖音小店，要开通抖音购物车和商品橱窗功能。

其次，需要有持续发布的原创视频，同时解锁视频电商、直播电商的功能。

最后,在前两者都具备的前提下去申请账号,满足条件的抖音号才会收到系统的邀请信息。

抖音小店对应的是今日头条的放心购商城,所以,用户可以按以下步骤操作:

第一步,在抖音设置中的"电商工具箱"页面选择"开通抖音小店;

第二步,进入"开通小店流程"界面,查看相关信息;

第三步,把抖音小店介绍、入驻流程、入驻准备了解透彻之后,就可以按照要求入驻。

目前,抖音小店入驻仅支持个人入驻模式,用户需要根据自己的实际情况填写相关身份信息,然后设置选择主营类目、店铺名称、店铺LOGO、上传营业执照等店铺信息,最后等待系统审核即可。

审核通过之后就可以开通抖音小店了。抖音小店相对来说比较容易的就是不必再跳转外链完成购买,但是,对于运营者来说,不必跳转外链就购买,实际上也是把从抖音赚来的公域流量再还回抖音平台。但是,能够提高运营者变现的速度,也能为用户带来更好的消费体验。

抖音不断完善电商功能,对于任何一个运营者来说都是好事,这就表明,我们不需要转移阵地就能在一个阵地完成所有变现。

比如,抖音打开商品橱窗功能,一开始,打开商品橱窗功能需要1000个粉丝,但是现在需要0粉丝,这一点说明虽然抖音一直在开发、完善电商功能。相对于淘宝外链能给予用户更多的信赖,抖音小店等对于用户来说还存在质疑,这才导致入行门槛一直放低。对于运营新手来说,这是一

第七章 抖音：新的机会，庞大和极具吸引力的私域流量池

个利好消息，0 粉丝就可以开通，那还等什么。

当然，条件除了 0 粉丝之外，还要有 10 个视频，实名认证，实际上这些不费吹灰之力就能达到的条件对于运营者来说是非常有利的。

在淘宝和抖音合作之后，的确让一些百万级粉丝的抖音号成了名副其实的带货王。但是我们发现，有一些带货王开始走微商的老路，为了赚钱什么也不顾。如果这样的带货主播成为抖音带货的主流，现在依旧处于红利期的抖音带货终究逃不过被抛弃的命运。所以，还是要提醒各位运营者，我们既然是打造个人 IP，实现私域流量运营变现，就一定要把控产品。不管在哪个平台上卖货，都要把控产品，做成一个个人品牌要比做一锤子买卖重要得多。

这里依然以安德玛为例。安德玛 2021 年 5 月开始重点在抖音发力，并完善各矩阵企业号私域相关功能配置，在抖音，安德玛利用企业号矩阵进行品牌形象宣传，同时通过私域进行电商直播销售完成转化。一系列举措使得安德玛成功进军年轻人的社交场景，吸引消费能力更强、对品质更有追求的年轻消费者，从年轻群体中寻找增量。UAKIDS 单月 GMV 400 万 ~500 万；单日最高销售 37 万，转化率 5%~7%。

首先，账号主页装修统一品牌 IP，增加品牌辨识度及记忆点；接着组建直播间，由直播间引导入群，获取福利；最后就是客服以群或个人私聊为主，进行及时回复，增加客户黏性。

说这些案例告诉运营者，我们可以利用企业号矩阵进行品牌形象宣传。无论是个人 IP 还是品牌 IP，对于实现私域流量运营变现都是非常重要的。

精选联盟靠什么变现

很多人不想自己开店卖货，因为找货源，把控产品质量，这些都感觉很麻烦，那么可以靠帮助商家推广商品来赚取佣金，这种模式类似于淘宝客。比如，在微店这个 APP 上就有专门的你可以添加的商品，一分钱不花就开始卖货，每卖出去一件货，就有一件货的佣金收入。

比如，运营者进入"福利社"界面，在其中选择和自己短视频定位一样的商家进行推广，总之，就是通过添加别人的产品加盟成为"联盟达人"，在帮助别人买货的时候，赚收取佣金。之后拍摄好的产品，进入"发布"界面，添加商品，最终在你的视频中能够让用户看到产品并购买，你就会收到相应的佣金，这个佣金在"我的收入"界面可以查看。

但是，这里有一点，我们打造私域流量，打造个人 IP，实际上是为了给自己带货，如果给别人做嫁衣，那就得不偿失了。最重要的一点是，这个商家的产品如果不好，不仅会对你的账号造成影响，也会直接影响你的私域流量运营。

说一个例子。有一位朋友觉得自己玩抖音就是一个兴趣，她做的视频还是非常好的，于是就有商家主动来跟她谈联盟事宜。这个朋友有本职工作，但是想到发视频还能够赚取佣金，她就同意了。这个朋友做短视频并且拥有了近百万粉丝，这些粉丝非常喜欢她的视频风格，因此将她推荐的产品买下来了。可是，她在对商家的衡量判断上还是出错了，这个商家是一个茶商，很多粉丝购买之后发现都是茶渣。这是很无良的一种行为。于是，粉丝直接找这位朋友，认为是朋友坑了她。

几千块钱一斤的茶叶，这位朋友每一单的佣金不过百十块钱，但却也面对粉丝们的质问。事情最后闹得挺大，粉丝们竟然联名把她举报了，举报就算了，甚至扒出了她的工作单位等信息。总之，积攒了多年的近百万的粉丝纷纷流失。她最后去找商家，实际上联盟没有什么可以彼此保障的书面材料，导致她为了百十块钱的佣金被坑得很惨。

在这里，笔者还是提醒不想自己卖货想赚佣金的运营者，擦亮眼睛，一定要看看对方商家的产品值不值得你用自己的声誉去赚那份佣金。

不过，精选联盟变现的好处就是选择面广，只要选好商家，运营起来就非常简单、省事。

如何通过信息流量广告变现

抖音推出的"星图平台"和微博的"微任务"有异曲同工之处，都是让抖音达人能够对接广告主的平台。

星图平台是通过高效对接品牌，高效对接头部达人以及 MCN 机构，让达人们在施展才华的同时还能够拿到不菲的酬劳，大家觉得很熟悉，不仅仅是星图平台，今日头条等也有这样的操作方式，说白了就是让高质量内容创作者能够得到更多赚钱的机会，让拥有粉丝多的运营者可以靠着粉丝数量实现变现。

星图平台是杜绝达人和 MCN 机构私自接广告的，这对于众多达人来说不是什么好消息。作为运营者都希望能够跟甲方直接产生联系，一是提升酬劳，二是没有中间商赚差价，但是星图平台给你介绍客户一定要从中抽成。

不过，在客户难寻的今天，如果有星图平台，可以对接到更多的广告主，说实话哪怕拿出一些抽成，也是很划算的。比如，星图平台的合作形式是多样的，开屏广告、原生信息流广告、单页信息流广告、智能技术定制广告以及挑战赛广告等。这些形式都需要接单的达人，只要有人接单并成功，就能赚取对方的酬劳。

抖音认证MCN的资质要求如下，运营者可以对照一下，看看自己是否符合条件：

第一，申请机构需要合法公司资质。也就是说，个人运营者无须考虑。

第二，成立时间超过一年以上。新成立的MCN如果达人资源丰富且内容独特可以通过，实际上这个时间限制就没有什么意义。

第三，MCN机构的签约达人要在5人以上，并且具备一定的粉丝量，在相应领域具备一定达人服务能力及运营能力。

由此可见要求还是很高的，想要入驻星图平台，一定要符合相应的条件。这里提醒一下：运营者在打造个人IP时，不要随便入驻MCN平台，以防自己被套牢。

举个例子。这是笔者一位朋友的亲身经历。在今日头条也有MCN机构接单的活动，MCN机构接单之后就会给所签约的达人，这些达人有的是报过MCN机构课程的，有的是在今日头条上发内容阅读量不低的作者，抛出的条件也非常诱人，动不动月薪过万。

这位朋友就加入了一个MCN机构，因为在今日头条她的粉丝也是五千多人，可以说资质还算不错。但是，入驻 MCN 机构之后，这位朋友并没有达到预期目的，涨粉、引流或者月薪上万，而是每次写好的内容都会直接被采用，给出的酬劳还不及自己发布文章所得。因此，笔者在这里向每一位运营者温馨提示，我们可以加入 MCN 机构，省去了自己找广告对接的时间和精力，但是一定要选择靠谱的 MCN 机构，要通过了解再选择，不要急匆匆地加入，到时候，想要摆脱 MCN 机构，越是不正规的越是麻烦。

接下来，说一下星图平台的操作：

第一步，入驻星图平台，然后在任务列表中选取自己想要的任务。

第二步，在筛选之后，按照客户要求上传视频脚本等内容。

第三步，提取广告收益。按照后台管理页面的"提现"按钮操作，首次提现比较麻烦，比如要绑定自己的手机号、个人身份证以及支付宝账号等，需要实名认证才可提现。

抖音是一个流量变现的好阵地，但是大家一定不要忘记自己的初衷，那就是打造属于自己的私域流量，通过建立私域流量池来实现变现。因此，要想办法或者通过营销活动让粉丝主动加你的微信号，只有最终将抖音里的粉丝落实到你的微信朋友圈里，你的私域流量池才算是打造成功。

第八章

社群：闷声发财，少数人的红利游戏

社群是最容易被人忽略的私域流量阵地。一般来说，只要有人占据的地方就一定是江湖。

同样，微信社群也是一个江湖，作为运营者，你可能是江湖中的盟主，招纳来自各方的英雄侠士，也可能是江湖中的一员，在别人的江湖听从号令。但是，不管谁的江湖，里面都是人，有人就有流量。所以，这一章，我们讲一个关于江湖的故事，同样也是在讲一种最贴近于"人"的营销模式。

8.1 从社群运营到社群经济

运营者通过社群实现变现，必须构建自己的私域流量，同时要做好私域流量的维护工作，才能通过社群为用户带来真正的价值。我们说运营者一定要做好社群运营，是因为如果社群的群主是你，那么社群里的每一个成员至少都是你自己拉入群的，你拉入群的初衷一定是想要发展他成为自己的用户，所以，既然把对方拉进群，就一定要认真对待对方。

很多人在做社群营销的时候错误地将粉丝经济等同于社群经济，实际上并非如此，只有真正地了解社群经济才能跟粉丝经济区别对待。那么，这一节，我们主要讲述一下如何有效地转化社群中的私域流量，实现社群经济效益。

如何带给社群极致的产品体验

懂得社交、懂得传播的运营者才能真正地掌握商业流量的先机，就像笔者之前举例中的"罗辑思维"，正是因为会玩社交、会玩传播，才能够在短时间内将"罗辑思维"完成个人IP打造。

"罗辑思维"靠着每天60秒给自己打开了一方新天地，传播到位，运营者还将传播嵌入活动中，让会员在活动中了解产品。再说会员。大家都知道，"罗辑思维"的会员是有限制的，付费会员能够在一天之内招揽到 2 万人，市值 800 万元人民币，这样的成功不是偶然的，更不是突然之间出现的，而是"罗辑思维"创始人罗××在长期的积累过程中实现的，他的专业见解，他的每一个 60 秒的语音都能够贩卖出用户的焦虑。而且，用户只要在社群回复"关键词"，就会得到 630 秒内容的深入了解。就相当于你花钱买了一本书，但不巧，你看不懂，这时候只要跟商家说一声，商家就会为你深入解读。

用户会从这样的体验中感受到商家的真诚，虽然书有点贵，但是不白买，让用户时刻感觉到自己买了就算赚到了。因此，在社群营销中心"极致的产品体验＋用心的内容传播"是一对重要组合，只有极致的产品体验才能够给用户带来最好体验感，也有利于他下次复购。

社群如果缺少了极致的产品体验、缺少了用心的内容传播，可以说寸步难行。还有一个产品属于比较成功的例子，那就是小米。小米手机从性能到款式似乎并不占优势，但是，小米的社群却有着巨大的影响力。小米手机虽然感觉在手机品牌中不能独占鳌头，可小米黑科技却深受垂直用户，比如技术男、程序男等的喜爱。

这里再强调一下粉丝经济和社群经济的区别。什么叫做粉丝经济？我们讲得浅显易懂一点，举个例子：有一位流量明星，粉丝高达一个亿，然后他唱歌跳舞上综艺，粉丝也是热热闹闹。一开始，这位流量明星出演的电影电视剧收视率很高，即便这个电视剧的内容让人无力吐槽，这位顶流明星的演技也让人尬入天际，但是，收视率高，于是，很多人说这就是粉丝经济。然而，粉丝经济靠谱吗？很显然，不靠谱，因为后来这位顶流演了一部电影，票房惨淡到令人发指。

粉丝经济靠的是粉丝对个人的一种热爱而花钱，说不买某个偶像的唱片就不配做偶像的粉丝，这种被道德绑架的粉丝经济实际上不是粉丝自发地去消费。再者，今天这些粉丝是某个偶像的粉丝，可能明天因为某部电视剧，一下子就倒戈了。所以，粉丝经济是依靠粉丝。

而社群经济依靠的是社交、是传播，是粉丝经济更具有可能性的经济。社群经济就是将不同类别的人聚集在一起，大家以购买产品为目的，或者以对某种产品的热爱而聚集在一起，社群经济里包罗万象，各有特色，各有热爱，但统一对运营者的忠诚度比较高。社群最终会以运营者的朋友身份出现，一个朋友和一个粉丝，谁会带来更稳定的经济？毫无疑问，是朋友。所以说，社群经济中的个体比起粉丝经济中的粉丝，更具有价值和参与性。

尤其是在互联网的冲击之下，运营者要将适合自己产品的人们聚集起来，经过一段时间的相处，经过一段时间的优胜劣汰，经过一段时间的判断，最终把最忠诚的社群成员发展为自己的朋友。

社群私域流量的价值在于运营

社群私域流量是最适合运营的模式，因为社群更能点对点沟通，更能让群成员直接触达微信个人账号。社群具有半开放的特点，不仅能够提高沟通的销量，还能够减少社交的压力。不过，社群的重点还在于营销，在于运营，只有运营得当，才能够让社群不断扩大，最终实现社群中的私域流量变现。

第一，要从小出发。什么叫做从小出发？因为社群一开始都是小范围的人群聚合。我们能够在朋友圈找到志同道合的朋友一定不是大多数的，比如，作为运营者的你售卖的产品是茶，在你的微信朋友圈里喜欢品茶的朋友可能有为数不多的人，你把大家聚在一起，建了一个群，群里人一定不多，大家没事的时候分享一些品茶经验，你有时间也要主动地发一些品茶视频等。然后，这几个人的社群慢慢壮大，一方面运营者给社群拉新，另一方面作为成员的朋友们也给社群拉新，从三五个用户到三五十个用户。这个社群最大的特点是都是爱好品茶的人。如果同城，你又恰巧有线下店铺，就可以约大家一起品你所出售的茶，从而实现社群里私域流量变现。

所以，不管多大的社群，都是由小的社群开始的。而且这样一点点发展起来的群有一个最大的特点，就是忠诚度非常高。

第二，学会联结。什么叫做联结，实际上就是随时随地地@你的社群成员，让大家彼此之间建立起不可磨灭的感情。有一个专门卖定制旗袍的群，这个群只有五六十个人，但是这个群从来不会冷冰冰的，因为群主特别善于联结群成员，活跃群氛围，比如，这个群主还很喜欢约群里同城的成员一起去线下中办活动，穿着旗袍，一起参观博物馆、美术馆，一起到一些网红地方打卡，显示出群主与群成员的感情深厚。带动了即便不是同城群成员也喜欢晒自己穿着旗袍去游玩的照片，让群里的成员感觉到大家都是一样的，拉近了彼此之间的关系，同时也为售出更多旗袍打下了基础。

这就是联结，说得直白点，就是要跟群成员成为真正的好朋友，好伙伴，你是运营者，是商家，要和他们成为一起聊天逛街的朋友。

第三，要有凝聚力。简单地说，就是运营者和群成员之间要有凝聚力，大家心之所向就比较容易聚在一起，如果聚不到一起，只能说明你们是一盘散沙，各有心思。然而这一点是不可以存在的，就像是如果镜子出现了裂缝，慢慢地裂缝只会越来越大，导致的后果就是破碎。同样，如果一个社群没有基本的凝聚力，最后这个社群面临的就是各个成员退群，社群解散。

第四，挑选。一开始大家进来的时候并没有经过筛选，但是大家相处久了之后，发现里面总有人是特别不合群的，是和大家的三观不相符合的。这时候作为群主，你要懂得取舍，挑选出这个不符合的将他逐出群，留下三观一样、志趣相投的成员。

之前笔者有一个群，大家相处得比较融洽，突然有一天，一个群成员拉进来一个人，我们称他为小李。小李进群之后，跟大家并不十分融合，反而处处显得格格不入，比如，大家谈论社会新闻中某个山东女性遭到夫家虐待致死一事，这个社会事件里女子的夫家明显是错误方，但是小李的观点偏偏和大家不一样，说肯定是女子做错了什么，甚至抛出一些非常不适合的言论。他发言之后大家都陷入沉默，甚至沉默一两天，后来群主直接将他逐出，感觉群里又恢复了之前的氛围。

我们可以利用社群进行品牌形象宣传，但要切记，运营者要学会挑选，不能只将注意力放在人多的数量上，而是要将注意力放在人群质量上。学会在社群里"取其精华，去其糟粕"，挑选出质量高的社群成员，这样才能使社群氛围越来越好，让社群发挥它的作用。

8.2　社群引流涨粉也需要技巧

社群在各行各业中的作用越来越明显，运营者可以通过社群与用户互动，与用户沟通，不管什么行业，只要能建立与群用户的良好关系，就能通过良好关系不断地挖掘用户消费潜力，就能传播品牌价值，触达用户个人，为用户创造更好的服务与价值的同时，还为自己创造商机。在社群私域流量的运营过程中，最重要的就是粉丝积累，只有积累足够的粉丝，才能体现社群运营的效果和价值。

为什么要举办线下沙龙活动

有的运营者可能觉得只要把线上社群运营做好就行了，实际上，社群运营如果线上线下相结合，效果会更好。线上不用说了，线下就是组织沙龙。组织沙龙具有以下作用和特点：

第一，线下时常举办沙龙，频率比较高，大家相互认识、交流的次数也比较多，更有利于彼此之间的了解。

第二，沙龙的社群用户大都是自愿参加的，主动性更强，彼此之间的沟通会更加顺畅。

第三，针对社群里面的一些问题，包括运营者出售的商品等，大家可以一起面对面探讨，更容易让用户有一种主人翁的存在感。

第四，举办沙龙一般是在大家自由的时间点，这样小小的聚会大家更喜欢参加。

第五，组织自由，参加自由，完全是凭借自己与用户之间的感情来举办沙龙，越是多次参加沙龙的用户越容易具有忠诚度和黏度。

组织沙龙时，要做好以下选择：

选择自己喜欢的沙龙主题。举办一个自己不喜欢的主题很容易翻车，选择自己喜欢的主题，而且尽量要在自己擅长的领域里，这样讨论起来，自己更具有整场的把控力，让用户感受到你的专业度。

选择符合的地点。比如一个出售旗袍的商家，就一定要选择环境古典、优雅的地方，比如茶室，或者公园某处景点，或者某个名胜古迹，总之，要体现出旗袍的特质。也可以选择人流量多一点的地方，吸引一些对你的产品、你的沙龙主题有兴趣的陌生人。

选择和经营产品相匹配的沙龙。这一点和第二点作用差不多，就是你是卖什么产品的，在举办沙龙的时候，不管是主题还是场地都要选择与产品特性相符合的。沙龙的意义在于大家坐在一起，一是互相熟络，二是根据产品大家一起讨论，所以，为了达到社群引流的目的也要开展这种与自己经营产品匹配的沙龙。

此外，举办线下沙龙还有一些技巧：

技巧一：展现二维码。在举办沙龙的地方，在足够醒目的地方，比如沙龙的签到处放上微信群二维码，有利于不是微信群却对沙龙感兴趣的用户进入微信群，方便被人快速扫描添加微信群，遮掩的方法增加粉丝的速度也非常快。

技巧二：提供相关产品。比如，大家都穿着旗袍来参加沙龙，别人一看就知道沙龙的主题，对于喜欢旗袍的路人，或者其他路过的人也可能会直接进来，所以，在举办沙龙的时候带一些自己的产品是一个好办法。举个例子，如果是出售茶叶的商家办沙龙，就可以带上茶具和自己所出售的茶叶，大家聚在一起喝茶、品茶，并且带一些新茶小样等送给来参加沙龙的群成员。这样有利于下次再举办沙龙时会有更多的社群成员参加。

技巧三：在社群里发布沙龙信息，一定要写明几点，让用户深知这次沙龙的地址、主题等。

只有更多的群成员参与活动，才能够达到线下沙龙对于线上营销的助力效果。

社群经营者应多参加创业活动

除了举办沙龙，作为运营者和创业者也应该多参加一些创业活动。运营者通过参加创业活动引流也是一种不错的引流方式，不过不是什么样的活动都要参加，而是要参加具备以下几个特点的活动：

第一，要有强大的群体力量，参与的人员比较多，而且和你的产品有所关联；

第二，群体比较集中，而且人员不要杂乱；

第三，交互性强，大家在现场的互动性比较强。

比如，微商创业大赛，就是一个展示自己的地方，让大家看到你的各种优势，凸显自己的优势，吸引与你志趣相投的同道中人。

但是，这类创业者的活动有一个弊端，就是大家都是创业者，大家都想通过运营来搭建自己的私域流量。所以，遇到的人很难成为你的目标用户。

还有一点就是创业大赛等活动比较少，所以，作为运营者更注重参加一些与你的产品相关的活动，比如你是出售定制衣服的商家，所以你要参加一些和衣服、布料相关的展会，参展的很多都是消费者，你可以在展会上加强自己与消费者的互动，从而与更多的消费者互加微信。

除了产品相关的展会之外，还可以参加一些免费活动，比如，你是卖茶的可以参加免费的茶艺体验课，你是卖花的，可以参加一些免费的插花课程等。

如何依靠社群实现线下门店引流

如果是线下实体店的运营者，社群相对来说会更加精准，因为社群就是进过你的店铺里的顾客，不管有没有买卖，都是你的顾客，这样，店里的客户流失率就能控制在最小的范围内。实体店是一种很好的线下引流渠道，运营者一定要好好利用这个资源。

实体店线下引流具有四大优势：

第一，通过面对面地交流，让客户对你更具有信任感；

第二，实体店的产品和服务能够看得到，能够让用户更加信任你的产品和服务；

第三，社群成员都是进店的顾客，引流更加精准；

第四，有需求的客户会替你免费拉新，形成裂变效应。

通过实体店线下引流也是有方法的：

方法一：送礼物或者办理会员卡，让客户留下联系方式，然后添加客户，邀请客户进入自己的微信群；

方法二：根据客户的联系方式添加他们的微信，然后经常在朋友圈发布微信群消息，吸引用户进群；

方法三：与客户沟通交流，消除他们的防备心理，让他们对你和你的产品产生信任，然后循序渐进，把他们加入微信群。

笔者之前有一位朋友表示自己家的店铺位置不好。有多不好呢？就是店铺除了有一个门，其余三面都是墙，而且店铺的门也不对外，是在一个居民楼的里面。也就是说，这家店铺只能吸引楼里来往的人，这个楼还只是个十多层一层六户的楼，说白了就是完全无法吸引用户的一个店铺。这样的店铺靠的就是发宣传单，但是发宣传单的效果也不好，为此他非常着急。

面对这种情况怎么办？其实，也并不是没有办法。第一，要坚持不懈地发宣传单，比如就辐射这一个小区，一直发，总会有感兴趣的用户去店里看一下；第二，在门外面竖一个牌子，或者在小区楼门口张贴一张海报，让路过这栋楼门口的居民都能看到，看得久了，或许就会有人进去一探究竟，毕竟谁都有好奇心；第三，邀请自己的朋友进店喝茶，总是有人来店里喝茶就会引起更多人的好奇。还是那句话，谁都具有好奇心，只要用户踏入店铺，就要通过促销活动、优惠活动等让他扫码入群。

其他方式发展社群粉丝

还有没有其他方式，发展社群粉丝？当然有。这一节我们就讲一下用其他方式发展社群粉丝：

方法一：用@引用户入群。

对于@这个符号大家都不陌生，但是如何利用@引流呢？我们分开来讲：

通过QQ空间的@功能引流，很多运营者认为微信的天下，QQ还有人用吗？实际上相对于"00"后，"70后""80后"，"90后"人群更喜欢用QQ。在QQ空间里@有两种用法，一是发表说说的时候用@；二是发表空间日志的时候用"通知好友"的办法来让好友查看。

但是，你@的好友可能已经离线，也可能离开QQ，所以，运营者要记住，有1%的希望，也要拿出100%的行动。

不过，通知好友这个功能一次可以通知30多个好友，其中只要有回复你的，或者是根据你的说说添加你微信的好友，就说明这个@功能被充分利用了。

方法二：微信朋友圈@朋友。

这个方法相对来说有很多运营者喜欢用。发一条微信状态@相关朋友，一方面，让朋友有一种被关注感，一种存在感；另一方面，你的信息能够有80%的回复率，相对来说效果会比较好。方法：

第一步：上传一张微信群的二维码图片，输入相应的描述文字；

第二步：点击"@提醒谁看"按钮，一次可以@10个朋友；

第三步：等待朋友们的回复。

如果没有确切精准哪一类朋友的社群，可以直接在朋友圈发一张图片邀请微信所有感兴趣的朋友入群。

因为只@某几位朋友，有可能会因为忽略了对你产品有兴趣的其他朋友。笔者的一位朋友就是这样，在朋友圈发了一条状态配了一个社群的二维码，他@的几位朋友并没有加入群。而他没有@的朋友却私信问他可不可以加群，让他感觉特别不好意思，于是马上删除了之前发的那条，重新编辑了一条，这一次没有用@功能，发在朋友圈几天，就有十几位朋友进群了。

所以，朋友圈还是不要@某个特定的人，你要给自己留下更多的空间，给自己留下更多可能。

方法三：线下沙龙@主讲。

这个方法就是参加别人举办的沙龙活动的时候，通过添加主讲人或者是其他参与沙龙的成员，在社群里面直接@他们，显示自己对他们的沙龙参与性极高。这可以提升自己在社群里的发言权、影响力等，让更多不认识自己的用户关注自己。

除此之外，还可以通过工具进行资源引流，比如在一些资源网站上发一些软文，文章里面附上相关软件或者有下载价值的产品，写一句"有需求@我"。

例如，大家都喜欢到百度网盘找免费资源，运营者就可以在百度旗下贴吧等地方，发一些很多人在找的影视作品、书籍或者综艺等，然后直接留下你的微信号，让需要的人加你的微信，这样的引流的确有效果。不过也有一个弊端，就是引流过来的人可能只对你所发内容感兴趣，而对你所卖产品不感兴趣。

8.3 打造可持续盈利的社群变现

运营者如何通过社群盈利，如何实现私域流量变现，还是要在了解社群变现盈利方式的基础上，让自己的社群朝着变现的方向发展。实际上，这也是我们最终的目的。

在前面的内容里，我们不止一次地提出，搭建私域流量的目的就是实现变现，也讲过如何通过微信、抖音等方式变现。现在我们就来说一下，如何通过社群变现。

社交电商模式还有没有空间

社交电商模式一直都是社群变现的最好方式，但现在运营者面临的问题是，社交电商模式是否存在空间？通过社群把产品与消费者直接绑定在一起，通过APP、小程序、微商城和H5页面等，尤其是现在特别喜欢将小程序搭配H5页面，轻松实现商品、营销、用户和交易的全面覆盖。

社交电商模式发展到现在，很多商家都面临一种情况，尤其是小商家，依靠自己的力量是没有办法打造线上电商平台的，这毫无疑问。打造线上电商平台，对于大部分小商家来说，一是缺乏很大的财力；二是即便真的能够建立电商平台，也没有足够的流量支撑。

如何解决这样的难题呢？其实，对于小商家们来说，他们面临的并不是两个难题，而是一个，就是难以建立有影响力的线上电商平台。现在，有了小程序+H5，那么对于一些小商家来说，建立自己的线上电商平台是有可能的，然而，在打造过程中，线上商城、门店、收银、物流、营销、数据等核心商业要素又该如何获取？

小商家运营者在面对问题的同时，还要找到能够解决问题的办法，现在一直强调"去中心化"，那么，运营者是否能够通过其他方式也获取大商家能获取的这些流量？

答案是可以。例如，加入"微盟"，微盟就是一个社会化分销平台，是为客户提供零售行业全渠道的电商整体解决方案。说到底，也是要依靠一个大的平台，以大平台为基础再进一步发展。微盟的SDP模式可以帮助小商家解决分销商管控、库存积压、利益分配以及客户沉淀等问题：

第一，实现双线购物，线上付款，线下提货，线下搜码，线上购物；

第二，双线吸粉，通过线下优势资源引导，通过二维码数据统计，利用线上和线下的优势共同吸粉；

第三，双线同步，分销商独立管理，供货商线下和线上的数据同步，统一处理和监督；

第四，客户沉淀，在全渠道范围内，进行客户的沉淀和聚合，实现个性推荐和精准营销；

第五，人人电商，只要在这个平台之上，就能促成人人电商模式，通过熟人关系链实现裂变和口碑传播。

由此可见，社交电商模式还是有空间的，哪怕对于并没有能力自己建立电商平台的运营者来说，也有很多渠道可选择，通过渠道能够实现以社交电商模式为主的变现。

社群广告变现重点在于怎样做才不被嫌弃

在社群经济时代，要知道用户就是流量，流量就能够变现，但是，如果在社群里面过分地强调销售，可能会被社群成员所嫌弃。虽然说，社群也可以用来投放广告，而且效果会更加精准，社群的转化率也非常高，同时群主也可以通过广告的散播，很快地实现营收。但是，社群里面的成员也有自己的原则，如果群主不顾社群成员的情绪，一直发广告，也会被嫌弃，所以，社群广告变现需要掌握以下技巧：

技巧一：投放的广告要与社群的主题相匹配，这样才能最大化地发挥社群私域流量的价值，也容易让社群成员接受；

技巧二：广告能够给群成员带来实际价值，让群成员并不觉得你的广告在刷屏，你的广告是垃圾，而是觉得你的广告为他们提供了解决方案，或者能够给他们带来一定的价值，就会欣然接受；

技巧三：将广告植入社群的内容或者活动之中，确保良好的社群运营和用户互动；

技巧四：保证广告产品的真实性，群成员购买之后觉得这是一款很好的产品，否则一旦出现质量纠纷，整个社群就会土崩瓦解。

笔者有一个朋友，是个非常优秀的社群管理者，她建了很多兴趣群，每个群都有上百个成员，在管理社群前期，因为缺乏经验又想要快速变现就会发一些微商广告。但是，没想到这个微商的产品质量不过关，群里有人因为信任他就买了，结果真的因为产品质量问题，一个好好的群最后在骂声连连中解散了。之后他痛定思痛，决定要么不发广告，要么就把控商家产品，至少是自己用过发现很好再往群里发广告。

建立一个社群可能需要半年甚至一年时间，管理好社群更是需要每天投入精力和时间，如果因为第三方产品质量导致自己辛辛苦苦建立的群崩塌实在是不划算。而且，群崩塌真的就是一瞬间，所以，社群广告是一条变现之路，但社群主一定要把控第三方商家产品，再发广告，毕竟关系到自己的声誉，关系到自己在用户心里的信任度。

社群付费会员制对社群用户有多大吸引力

付费会员的黏度和忠诚度一直高于免费会员，而且付费会员制对于社群具有很大吸引力，因为付费会员就代表能够享受更多优惠的活动。招收付费会员也是社群运营者变现的方法之一，一般来说，付费会员能比普通会员享受更多特权：

特权一：能够获得优质、完整的培训课程，或者是在报名培训课程的时候享受五折起的优惠价格等；

特权二：能够和运营者进行一对一的交流，这里就要求运营者要具有一定专业或者是一定知名度，能够给用户带来更多价值；

特权三：能够参加各类微信群组织的线下活动，而且可以参加更多运营者合作方的活动；

特权四：能够在微信群有高级身份标识，这让付费用户自我感觉是与众不同的存在。

作为付费会员还可以参与群内部的一些项目筹划、运营工作，能够与社群的群主成为好朋友，达成长远的合作关系，还能共享各自的优质资源。这些就是对付费会员的特别馈赠。

在这方面做得比较好的还是"罗辑思维"。当时"罗辑思维"的付费会员是有区别的,比如5000个普通会员,价格是200元一个;500个铁杆会员每个价格是1200元。也就是说,你想要当铁杆会员,想要与罗××直接对话,你有钱还不够,因为只有500个名额,你不一定抢到。即便5000个普通会员,也在一上午的时间里就售罄了。为什么"罗辑思维"能够做到连付费会员都是靠抢?因为罗××运用了社群思维来运营私域流量,将一部分属性相同的人聚集在一起,形成一股强大的力量。

实际上,在"罗辑思维"之初,罗××也是在积累粉丝的过程中坚持优质内容的输出,等到优质内容把一些粉丝完全覆盖住并存留之后,才开启收费会员制度。这时候,为了获取更多有价值的信息,粉丝们愿意成为付费会员。

所以,运营者要清楚招收付费会员的目的:第一,设置更高的会员门槛,筛选优质会员,对于质量一般的会员要么另辟一个社群,要么就彻底放弃;第二,留下高度忠诚的粉丝,只有粉丝高度忠诚,才能提升转化率;第三,形成纯度更高、效率更高的有效互动圈,减少无效互动,从而节省自己的时间和精力。

实行收费会员制,就是为了筛选会员。如果一个社群规模挺大,但是里面的人都好像睡着了,几乎没有人愿意露面,即便运营者抛出一条信息,也没有人反馈,这个时候运营者就要反思,为什么他们不活跃,到底是哪里出了问题。

如果是运营者自身运营过程中出现问题,就要加以改正,如果是群成员在入群时大多对运营者没兴趣,对运营者的产品没兴趣,实际上存在着真的不如筛选出真正感兴趣的，其他的直接另外开群，或者直接放弃。

运营者通过会员收费模式来为社群设置更高门槛的具体方法：

第一，通过会员收费的模式给微信群设置一个门槛；

第二，将那些在群里只是插科打诨，几乎是零转换率的成员逐出，保存相对来说复购次数多，积极参与各种讨论和活动，以及能够为自己拉新的成员；

第三，后期继续提高收费门槛，为更多高级会员提供更优质的服务，从而将纯度更高的群员提炼出来，培养成为自己的铁杆粉丝，作为自己的私域流量。

温馨提示：收费会员制度不宜一开始就实施，而是在社群成员比较多、社群相对稳定的情况下，一是为了更好地管理社群，二是为了更好地提升社群经济，提升转换率后再设置付费会员。而且，付费会员所享受的服务一定要高于免费会员，要让付费会员觉得物超所值。

小范围创业盈利

运营者可以通过社群和第三方商家合作实现变现。当然，作为社群运营者一定要把控第三方商家的产品。运营者可以围绕相关的产品业务进行小范围的创业，这个"小范围"指的是没有团队和资金的人，可以在一个固定的小范围区域内或者是细分垂直领域创业。

小范围创业的几种基本形式：

第一，增值服务变现。就是先通过免费进群的方式进入一些相关的社群，在社群里面通过提供免费的服务来获取一些粉丝，当粉丝数量积累到一定程度的时候，就可以针对有深入需求的用户收费。

比如，作为一个没有团队没有资源的自媒体人，想要得到一些订单，肯定是要先进入一些相关的征稿社群，或者是软文写作的写手群。在这里面，每笔单子都会价格很低，当你的写作质量远远超出群里所需要的稿件质量时，肯定会有相关的群成员直接加你，从而把添加你的群成员发展成为自己的客户，通过口碑相传，自己组建一个写作群。从慢慢地获取更多的稿件，发展到自己培养一些写手来完成用户需求，自己赚取差价。

第二，咨询服务变现。企业和个人在打造品牌社群的时候，可以为用户提供长期和精准的咨询服务，以增加信任度，久而久之，随着关系的不断深入，这些用户就会为你的产品或者你的服务埋单，从而实现变现。

第三，跨界合作变现。运营者可以找一些不同定位和类型的社群，和他们进行跨界合作，互相交换彼此的资源，相互导流，最终实现帮助社区增强私域流量的变现，同时自己也可以在其中赚取一些收益。

第四，做供应商变现。这种方式适合厂家和代理商，如果是个人的话，就可以采取预售的形式，跟社群合作进行分销。先报单再拿货，能够缓解资金压力，也能够解决配送问题。这里面最重要的就是把控产品质量。

举个例子，一直以认真挑选商品为口碑的某直播主播，就是因为一次没有切实地去调查产品，导致自己的一次直播翻车。一旦主播带货产品出现质量问题，除非是铁粉，基本上掉粉迅速，尤其是作为社群粉丝，他们是基于对社群运营者的信任才购买产品，一旦产品出现问题，这些社群粉丝也会集体脱粉，导致社群解散。

第五，拍卖营销变现。拍卖是一种竞争买卖行为，商家将一件有价值的物品以公开竞价的方式，让社群成员自己喊价，最终叫价者最高的成员获得。不过，这里面有一个根本点，就是拍卖的商品足以让群成员有兴致参与拍卖。大众类的产品进行拍卖基本上不会有人参与，太贵的拍卖品比如房产或者古董字画都有相应的拍卖行，所以看似拍卖营销变现很简单，实际上在选择产品上有局限性。因此，运营者须慎重实行拍卖营销变现，不要对方买了产品又觉得万分不值得，最终损害的只有运营者的名誉。

最后要说的是，当你的社群拥有了私域流量和变现能力之后，可以把社群形成一个商业闭环，从而使社群经济发挥更大的商业价值，实现私域流量所能发挥的最大价值。

后记

写到最后，我们来说一说，运营这些年的发展。

实际上，真正地通过互联网运营，也并没有很长时间，有一个现象就是大家都能感受到，那就是中国移动互联网的流量红利是在慢慢消失的。运营者、创业者都能感受到 2015 年之后，依靠流量成了一件又费时间又费精力的事。

很多人归结为微商将这一池好水搅浑，实际上，即便没有微商，也会出现这种状况，因为消费者的消费理念、消费行为是会根据不同时期的消费形态改变的，我们具体来分析一下。

第一，流量红利时期已经过去。这句话对于运营者可能是具有打击性的依据，流量红利时期都过去了，我这样努力打造个人 IP，潜心运营还有意义吗？

说实话，有意义。只是红利期过去，不代表流量红利消失，只不过是要做好心理准备，不如以前容易，过程上艰难了点，但是运营得好，结果还是非常令人期待。

流量红利时代，流量就是用户，今日头条、微信、王者荣耀等都经历过那段时期，但是现在，流量留给其他APP的机会不多了，因为大头都被争夺走了，剩下的就是垂直人群的争夺，比如青少年、女性群体或者是场景，比如旅游、外卖等。

所以，作为运营者和商家一定要看清现实，不要盲目地认为现在流量唾手可得，从而抱有非常高的期望，期望越高，失望越大。因此，一开始我们就心平气和地对待，不管流量红利是否决定着我们接下来的运营，都有一种淡定的态度，在现实中寻找发展出路。

第二，获客成本攀高。以前不花钱就能入驻的平台，现在要花钱，以前几百块钱就能搞定的推广，现在要收几千元。所以说，获客成本一直在攀高，包括我们现在举办一些活动，营销活动中如果不舍得投入成本，基本上活动就很难有用户踊跃参加，比起以前，在论坛上随便发起投票大家都很积极，现在没有一个抽奖流程，没有积分流程，投票活动根本无法实施。

再看看线上流量越来越少，价格却越来越高，线下门店、传统广告、人肉地推，都成了挖掘流量的手段。说实话，这是一次大规模的寻找流量突破，谁能够突破现在的"瓶颈"，挖掘到流量，谁就能够在其中寻找更多的发展机会。

第三，流量不分线上线下。我们在文中一再强调的是做活动，但是哪一种活动更吸引用户呢？不论线上还是线下，促销活动、优惠活动、折扣活动、送礼品活动，才是最吸引用户的活动方式。

还有一点，叫作怀旧，就是通过怀旧的方式去打开人们的记忆，大家生活到现在都有一点感触，就是自己还很怀念儿时、少年、青年时的状态，说白了就是不满于现状，抓住这一点，可以举办一些令人感触的怀旧活动，也有可能达到引流效果。

另外还有一点，就是强调爱国主义，强调民族自豪感，这些情感类的东西一旦触动用户，也会带来很好的效果。

第四，技术与营销结合。因为流量成本提升和增长的切实需要，基于企业内部数据和用户标签的MarTech（营销技术）正在挑战外部广告公司的AdTech（广告技术），广告技术化和"甲方去乙方化"都成为趋势。什么意思呢？就是说光有技术不行，光有营销不行，要两者相结合。这一点对于运营者只需简单了解就行了，基本上作为运营者就是依靠现有技术，通过技巧做营销。

运营者在打造个人IP，在建立私域流量池时，要明白自己所面对的是突破现在流量壁垒，借助互联网实现自身转型。很多线下店或者是传统企业都走在了转型路上，因为这个时代缔造了一种发展模式，如何精打细算地运营好流量，如何让流量带来销量和增长，这都是运营者在运营中不断发问、不断探索和不断解答的问题。

很多时候，面对不同企业、不同品牌、不同产品，作为运营者需要用不同的方式解决营销需求的困惑。我们不是BATJ［分别代表百度（B）、阿里巴巴（A）、腾讯（T）和京东（J）］这样的大公域流量输出者、拥有者，我们只是在这个社会代表大多数的普通运营者。所以，我们需要打造私域流量，因为想要从公域流量池挖流量不容易，挖来的流量如果不转换成私域流量，我们就是在为他人做嫁衣。

所以，本书用最简单化、生活化的风格跟大家讲述，我们作为流量需

后记

求者，本身没有那么雄厚的资金，该怎么办？在流量贫乏、营销无力的现实面前，我们需要用看似简单却有效的办法，看似不起眼却实用的方式打造属于自己的流量池。

当我们有了私域流量之后，我们就有了更多的可能性。希望本书能够帮助继续在移动端有所突破的创业者和营销者更深刻地了解私域流量对于我们每一个人的作用和意义。

罗晨

2022 年 2 月